孔子·孟子·荀子

先秦儒学讲稿

陈来 著

生活·读书·新知三联书店

图书在版编目（CIP）数据

孔子·孟子·荀子：先秦儒学讲稿／陈来著. —北京：
生活·读书·新知三联书店，2017.11　（2024.8 重印）
ISBN 978 – 7 – 108 – 05973 – 4

Ⅰ. ①孔…　Ⅱ. ①陈…　Ⅲ. ①儒学－研究－中国－先秦时代
Ⅳ. ① B222.05

中国版本图书馆 CIP 数据核字（2017）第 113906 号

责任编辑　冯金红
装帧设计　蔡立国
责任印制　董　欢
出版发行　生活·讀書·新知 三联书店
　　　　　（北京市东城区美术馆东街 22 号　100010）
网　　址　www.sdxjpc.com
经　　销　新华书店
印　　刷　河北松源印刷有限公司
版　　次　2017 年 11 月北京第 1 版
　　　　　2024 年 8 月北京第 4 次印刷
开　　本　880 毫米×1230 毫米　1/32　印张 7.75
字　　数　147 千字
印　　数　15,001–17,000 册
定　　价　58.00 元
（印装查询：01064002715；邮购查询：01084010542）

目　录

序

　　1999年至2000年，我应邀在香港中文大学哲学系教书一年。本书是我在1999—2000学年的春季学期在中文大学哲学系开课的讲稿。该课程的名称为"先秦儒学"，对象是中文大学哲学系的本科学生。香港的学期比内地略短，一般每学期13周，我依据课程的要求，拟定了课程的大纲，边写讲稿边讲课。于是在课程结束的时候，我的手中就有了这一叠先秦儒学的讲稿。我讲这门课程是以孔子、孟子、荀子为主，中间插入《礼记》的数篇（郭店楚简的部分也是作为与《礼记》同类的文献来讲述的）。当然，由于时间的限制，还是有些原来拟定的内容如《乐记》并没有讲到。另外，该课程第一周所讲，是"儒家思想的根源"，讲授内容主要利用我的同名著作，所以这一部分并没有新写讲义。虽然如此，先秦儒学的基本面貌在本稿中还是大体呈现出来了。

　　北京大学哲学系本来没有本科的先秦儒学课程，2004年前后课程体系改革，增加了本科学生的断代哲学选修课。2008年我在北京大学哲学系开过一次本科生的"先秦儒学"课程，讲课时用的就是这份在香港的讲稿。由于北大的"先秦儒学"

课是每周两学时的课，讲到孟子的一半即告结束。当时选课听讲的赵金刚作了课堂笔记，后来有一次他问我，老师在北大讲的课，一般很快就会出新书，可是"先秦儒学"讲的内容，为何好久都不见出书？这个问题我也没有想过。我想主要的原因应该是我觉得此稿不是学术专著，只是讲义，故未予重视。再一个主要原因是，讲稿是手写的，字迹尚属潦草，除了我自己外，打字员大概不会认得，而我又总是忙于新的研究，没有时间和心情自己重新电脑录入，所以也就从来没有考虑过将此讲稿付印。

直到有一次与三联书店副总编辑舒炜先生提起，他认为出版这个讲稿还是有必要的，并说三联可以帮忙解决打字的问题，要我大可不必操心。我接受了他的建议，于是2016年春天我就把这部手写的讲稿交给了三联书店。说实话，我自己也早已忘记了这部手稿到底有多么潦草，最近在校对打印稿时重看手稿，才意识到辨认这部字迹潦草的讲稿是多么不易！所以，这部讲稿的出版，我必须感谢三联书店的几位老朋友特别是他们特邀的编辑易爱华女士，没有他们的耐心辨认和整理编辑，此书的问世是根本不可能的。

由于对象是本科学生，学时也不太多，所以本稿所讲的"先秦儒学"还是比较粗略的。不过，就1999—2000年当时的状况而言，此稿中所讲，比起内地大学哲学系本科的同类课程，在一些方面还是较深入一些，也提出了一些新的看法。

如对孔子思想中"好学"的理解和关注，后来我曾以此稿为基础写出论文加以讨论；又如孔子部分较多考虑到儒学与德性伦理学的比较，后来我也曾以此稿为基础专门著文论述。其中对于荀子的讲法也为我后来做荀子的研究准备了基础。尤其是，这门课程已列入了1998年刚刚问世的《郭店楚墓竹简》的相关内容。所以，虽然此课是本科教学，但讲授这门课程，对加深我自己有关先秦儒学的理解和思考，也是有益的。因此我不避浅陋，把这部讲稿呈给学习先秦儒学的读者，盼望得到读者的指正。

最后，让我再次向三联书店，向舒炜先生、冯金红女士，表示最诚挚的感谢；在整理讲稿的过程中还得到了凯风公益基金会的帮助，亦谨此致谢。

陈来

2016年12月25日

因为道德哲学具有高于理性所有一切其他职位的优越性，古人所谓哲学家一词，一向是指道德家而言，即在今日，我们也以某种类比称呼"在理性指导下表现出自我克制的人"是哲学家，并不管他的知识如何有限。

——康德：《纯粹理性批判》

第一章 孔 子

孔子的贡献一方面是综合总结了春秋以来有关的思想；另一方面是从西周敬德保民的政治思想第一次系统发展出个人修身与理想人格的伦理学体系，即"君子德行"，亦即一种人格伦理学（德性伦理包含于其中），更广义地说，乃发展了一套完满的人生理想（伦理学只是善，尚有真、美）。

一 学 论

在西方，古希腊以"爱智"为"哲学"的精神特色，也对后来的西方文化起到了相当大的塑造作用。古代中国哲学就不是以"爱智"为特色，有些学者以"成德"或"明德"为中国哲学的特色，以与爱智形成对比，这些说法也都言之成理。

"爱"如果是爱好，"智"如果与学习有关，则孔子思想中有一个观念很值得注意，那就是"好学"。"好学"绝不是孔子思想中一个普通的概念，我们可以肯定地说，"好学"是孔子思想的一个具有核心意义、基础性的观念。

比如，孔子说过：

> 十室之邑，必有忠信如丘者焉，不如丘之好学也。
> （《公冶长》）

这就是说，有忠信之德者并不少见，但"好学"之人则难乎见矣。从这句话也可看出孔子是把"好学"看得比"忠信"更为难能的一种品质，虽然在道德德性的系谱中"好学"不见得比"仁""忠"更高（忠信本来是春秋时代最重要的德行）。

另一个例子是，鲁哀公与孔子谈论，问及孔门弟子，孔子说：

> 有颜回者好学，不迁怒，不贰过，不幸短命死矣，今也则亡，未闻好学者也。（《雍也》）

孔门贤人七十，弟子众多，可是孔子却独许颜回为"好学"，颜回以外，则"未闻好学者也"，这再次证明了孔子的确把"好学"看成非常重要而难得的品质（德性）。《论语》另一则也记述：

> 季康子问弟子孰为好学，孔子对曰："有颜回者好学，不幸短命死矣，今也则亡。"（《先进》）

此段与上例相同，不论哀公所问与季康子所问同时与否，孔子的思想是一贯的。

仔细体味《论语》中以上三段话，我们就可知，整部《论语》把"学而时习之，不亦说乎"置于全书之首，应非偶然。因为孔子对"学"、对"好学"的重视，确实非同一般。

我们也就知道，孔子讲"吾十有五而志于学，三十而立……"这一段话中的"志于学"的意义亦非普通，"志于学"亦即"好学"之志，所以"学"与"好学"既是孔子思想的发生学上的历史起点，也是他的思想生命的逻辑起点，是孔子思想的重要基础。

那么，什么是好学呢？

无疑，《论语》开篇第一句"子曰：学而时习之，不亦说乎？"就是好学者的自道，好学首先是把学看作一种乐事。明代理学家提出乐学，这在孔子思想中是有根源的。反过来说，从学习中得不到"乐"趣，就不是孔子所说的好学者，也不是孔子理想的教育，责任不只在学者，也在教育。

> 子贡问曰："孔文子何以谓之文也？"子曰："敏而好学，不耻下问，是以谓之文也。"（《公冶长》）

孔文子是卫臣孔圉，孔子说孔圉所以被称"文子"，是因为他"敏而好学，不耻下问"，因此，好学不仅是个人独享的乐事，也是在"问""闻"的交往活动中展开的。当然，当世好学者并非颜回一人，孔子自己就是好学之士，孔门之外，孔文子亦被孔子视为好学者。

> 子曰："默而识之，学而不厌，诲人不倦，何有于我哉？"（《述而》）

这里显然讲了好几个方面，如默而识之属思，诲人不倦属教，但"学而不厌"与"学而时习之，不亦说乎"的确是一致的，体现了一种对学习活动的无条件的喜爱。这里"爱学""好学"正与"爱智"成为对比，所以：

> 子曰："吾尝终日不食，终夜不寝，以思，无益，不如学也。"（《卫灵公》）

《论语》记载孔门弟子子夏说："日知其所亡，月无忘其所能，可谓好学也已矣。"（《子张》）时时知道自己所缺少的，同时又不忘已经学得的，这是好学的表现。

现在我们可能要问，"好学"是否为一种德行或美德呢？一般地，我们把仁、智、勇等作为伦理德性，亚里士多德在《尼各马科伦理学》中认为："德性分为两类，一类是理智的，一类是伦理的，理智德性大多数是由教导而生成培养起来的，所以需要经验和时间，伦理德性则是由风俗习性熏陶出来的。"这样看来，好学可能近于所谓理智德性。

但理智德性是恰当运用理性的德性，与好学有所不同。

表面上看，好学与仁、智、勇各种德性很不同，似乎不属于德性，不过，这如何能解释孔子既称颜渊为唯一好学者，又把颜渊归类在弟子中"德行"一类？[1]

无论如何，孔子是把"好学"看成与伦理之"德"有别的品质和活动的，他提出"六言六蔽"来解释他的看法：

> 子曰："由也！女闻六言六蔽矣乎？"对曰："未也。""居！吾语女。好仁不好学，其蔽也愚；好知不好学，其蔽也荡；好信不好学，其蔽也贼；好直不好学，其蔽也绞；好勇不好学，其蔽也乱；好刚不好学，其蔽也狂。"（《阳货》）

这一段很重要，仁、智、信、直、勇、刚都是伦理德性，但是孔子强调伦理德性不能离开"好学"。不管孔子这里是否有特别的针对性，对照前面孔子一生对"好学"的高度重视，我们显然可以看出这里的"六言六蔽"并非孔子的偶然之见，它表现了孔子对德性与学问的整个平衡的了解。如用《中庸》

---

[1] 德行：颜渊，闵子骞，冉伯牛，仲弓。言语：宰我，子贡。政事：冉有，季路。文学：子游，子夏。（《先进》）

的"尊德性而道问学"的话来看，后世宋明儒学中如阳明学特别强调"尊德性"，甚至不惜牺牲"道问学"的那种讲法，无疑离开了孔子所掌握的平衡。好仁不好学，则会缺乏智慧而容易受骗；好智不好学，心智散荡而不得其中；好信不好学，好勇不好学，好刚不好学，都有刚勇而失其方向之弊。有仁有智有勇有刚，但不好学，则有偏蔽。因此，每一种伦理德性（这里的仁只是一种具体德性）都必须与好学联系起来，相互补充。

自然，"好学"并非独立自足的，我们也可以提出好学不好仁，其弊如何，好学不好信，其弊如何，等等。但是的确，如果没有"好学"，只有好仁好智，孔子就不成其为孔子，孔子留给后世的形象中"好学"始终是一个重要的侧面，这在唐代以前的儒学中是不曾有过疑问的。而"好学"对于中国文化之传续、发达，也都有其不可低估的作用，对中华民族的民族性格亦有其重要的塑造作用。当然这种对民族文化及心理的塑造并非可以独归孔子，而是和后世儒家传统的形成及各种社会教育机制的建立也密切相关。

在孔门中，对"学"是有不同的看法的。这大体上是因为学生性向资质各不相同所造成的。如子路即似不好学：

> 子路使子羔为费宰。子曰："贼夫人之子。"子路曰："有民人焉，有社稷焉，何必读书，然后为学？"子

曰："是故恶夫佞者。"（《先进》）

历来的解释是：子路举荐子羔为季氏做费宰，孔子认为："子羔质美而未学，遽使治民适以害之。"（见朱注，第129页）故子路辩解说：主政治民也是学，何必读书才是学呢？孔子说：我不搭理为自己的谬论辩解的人。

子夏则有一段话，认为能孝悌忠信即是学：

> 子夏曰："贤贤易色；事父母能竭其力；事君能致其身；与朋友交言而有信。虽曰未学，吾必谓之学矣。"（《学而》）

贤贤易色是重贤轻色。孝悌忠信都是伦理德性，能孝悌忠信当然很好，在一个较低或较松的意义上也可说能孝悌忠信即已好学了。正如后来王阳明说，能行孝行悌即知孝知悌。但就孔子只许颜回为好学，以好仁、好信与好学相对，可知严格或全面说来，能孝悌忠信还是与好学不相同的，子夏毕竟不是孔子。

这里引出下面的问题，究竟孔子所好的学、所谓的学是指什么范围的知识和活动？无疑，学首先是学文：

> 子曰："弟子入则孝，出则悌，谨而信，泛爱众而亲

仁，行有余力，则以学文。"（《学而》）

所以，安乐哲说，学的含义是传递文化遗产，学的对象是人类文化（文），是没有问题的。（参看安乐哲，《通过孔子而思》，北京大学出版社，2005年，第45页）

又如孔子说："学而不思则罔，思而不学则殆。"（《为政》）在这里的学，明显是指学习的过程，更限定地说，是对书籍传达的历史文化、典仪知识的学习。故

子曰："君子博学于文，约之以礼，亦可以弗畔矣夫。"（《雍也》）

学要博学，博学的对象是文，即文献典籍，子路的辩解"何必读书，然后为学"也证明孔子所讲的学，多是指读书学文而言。

但孔子讲的学不止于此，这也需要注意。如孔子讲的学诗、学礼，其中学诗固是学文，学礼就既是学礼之文献，又包含着对礼的实践了解，而学道就包括学习道德的意思了，在这方面孔子确有广泛的学习观念。

子曰："君子食无求饱，居无求安，敏于事而慎于言，就有道而正焉，可谓好学也已。"（《学而》）

这是一个"士"的形象，这里的"好学"指忠信敬义而言。

其次，孔子讲的学不止于知识的摄取，也包含着在哲学上的抽象与思维上的提升。

> 子曰："莫我知也夫！"子贡曰："何为其莫知子也？"子曰："不怨天，不尤人，下学而上达，知我者其天乎。"（《宪问》）

下学而上达，说明好学之学经过一个过程后可以达到"上达"，上达是经由下学而达到的对天命的理解，也是对宇宙、社会、人生统一原理的把握。

> 子曰："赐也，女以予为多学而识之者与？"对曰："然，非与？"曰："非也，予一以贯之。"（《卫灵公》）

如果仅是因为孔子好学，就认为孔子只是了解经验知识的多样性而已，则为孔子所反对，孔子肯定地表示，他既是多学而识者，又通过下学而上达，能达到一以贯之。

最后来看孔子说为学的目的：

> 子曰："古之学者为己，今之学者为人。"（《宪问》）

不管学什么，学的目的是最大限度地完善自己，实现自己的潜能，而不是为了表现给别人。学是为了自己的受用和享受，这种受用和享受是追求内心幸福的人所追求的精神与心智的满足，从这里我们可以看到孔子的人生哲学与伦理思想的基础。

二　德　论

现在伦理学中一般讲的德论是指德性伦理（virtue ethics）而言，亚里士多德的《尼各马科伦理学》是一个典型的希腊哲学的德性论体系，当代哲学家麦金太尔极为注重亚里士多德德性伦理这一传统，认为丢弃这一传统是近代西方文化的一大失败。而中国古代的德行论体系，比起亚里士多德，虽然理论上的辨析不多，但德行条目之多，体系之大，受重视之突出，则又非亚理士多德所可相比。春秋二百八十年间，德行伦理已有相当发展，但因时代与地域的原因，这些德行条目和语言较为分散而不易统一。尽管如此，在春秋后期，我们已经可以看到德行条目和道德语汇的集中化趋势。孔子乃是春秋时代德行论的综合、总结者，又是儒家德行体系的创立者，儒家德行体系自然是承继了西周春秋的德行观念而发展的，但因孔子在礼乐文化的德行论传承中加入了新的道德精神，使得儒家德行体系对西周春秋既有继承，也有发展。

比如，"中庸"并非西周春秋礼乐文化体系中的重要德行，它只是乐德，但在《论语》中：

> 子曰："中庸之为德也，其至矣乎！民鲜久矣。"（《雍也》）

这就把中庸作为"至德"了。《礼记》的《中庸》引子曰："中庸其至矣乎，民鲜能久矣"，可与《论语》互证，也证明《中庸》引用的子曰即孔子曰，也是有根据的。《中庸》所引子曰认为，颜回能"择乎中庸"，似乎别人不能，如好学然。又说"天下国家可均也，爵禄可辞也，白刃可蹈也，中庸不可能也"，以中庸为极难达致之德，这都是对西周春秋德性思想的发展。

另一方面，如果仔细考察《论语》，又可以发现，《论语》的多数论述，都不是对德目的阐发。相比春秋时代，孔子可以说较少地以德性条目的形式论述，更引人注目的是以"君子……"来论述士君子人格、准则、理想，这才是孔子道德思想的根本特征。这些论述不以德性条目形式表达，而是以人生教导形式表达。什么是好的行为、好的境界、好的理想、好的人格，这是good的问题，不仅仅是德性，德性伦理只是善，是人生哲学的一种表达。

就德目表来看，孔子或《论语》中包含了、突出了何种德行体系呢?

亚里士多德曾说,伦理是研究个人的善,政治学是探究人群的善。在这个意义上探究个人之善的论述既可称伦理学,亦可称人生哲学或人生论。近代以来伦理学很少关注整体的人生,只是关注行为的规则。

应当成为什么样的人,预设了把应当成为一种高尚的人作为前提,然后讨论什么样的人是高尚的人,高尚的人有哪些行为。

不是注重"原则",而是注重"理想";不是一个具体的问题如何去做,而是重视整个人生的生活方式,整体的"做人"。这是孔子的立场。

我们说,孔子在《论语》中注目的德行,约为四种:

一、"夫子温、良、恭、俭、让以得之。"(《学而》)

二、"弟子入则孝,出则悌,谨而信……"(《学而》)谨是少言。

三、"主忠信"(《学而》),"恭宽信敏惠"。〔"能行五者于天下,为仁矣。""请问之。"曰:"恭宽信敏惠,恭则不侮,宽则得众,信则人任焉,敏则有功,惠则足以使人。"(《阳货》)〕恭是敬。

四、仁、智、勇、义。〔"知者不惑,仁者不忧,勇者不惧。"(《子罕》)〕

第一类我们称之为性格德性,第二类我们称之为人伦德性,第三类我们称之为政治德性,第四类我们称之为综合德性。

春秋时代提出过许多德行体系，如"九德"的提法就有四五种，最多者为《周语》下单襄公提的十一德：敬、忠、信、仁、义、智、勇、教、孝、惠、让。

综观春秋各种德性表，可以说有八种德性被最多采用，即忠、信、仁、义、孝、让、勇、智，而这八种德行在孔子《论语》中都有论及。

《论语》记载的孔子思想，除了两次提到仁、智、勇外，很少以列举德性节目表的形式来讨论，这意味着孔子并不想提出任何与以前不同的新德性表。《论语》中最突出的，也是孔子与春秋以前最大的不同，乃在于特别突出"仁"这一德。《吕氏春秋》说"孔子贵仁"，正是指出了孔子德性论的特征及其整个思想的主导特征。孔子对仁的讨论，与前人不同处在于，首先是反复地讨论仁德，共有一百零五次，且论述了仁礼关系；其次是把仁分作几个不同层次，最高层次的仁是超越个别具体德性的全体德性；最后，春秋时代以前，人们是以礼或非礼为评价的最高原则，而孔子思想中，仁的地位显然已经高于礼。这一点可以与亚里士多德突出公正、正义作为对比，亚里士多德的德目中没有仁。

1. 仁的基础含义即爱亲

《礼记·中庸》引孔子答哀公语，说"仁者人也，亲亲为大"。《孟子·离娄上》也说："仁之实，事亲是也。"《论语·学而》中有子说"孝弟也者，其为仁之本与"。所以《论语·阳货》中宰我说三年之丧太久，一年即可，孔子说："予之不仁也，子生三年然后免于父母之怀，夫三年之丧，天下之通丧也，予也有三年之爱于其父母乎？"故仁首先和基本的体现是"爱其父母"，这种仁所代表的孝悌事亲，是从心里发出来的。亲亲不只是事亲，亲亲是对亲人有亲爱的感情，而且不这样做于心不安。爱亲是仁的本义。孔子说："君子笃于亲，则民兴于仁。"（《泰伯》）

2. 仁指克己复礼

这是旧义。

> 颜渊问仁。子曰："克己复礼为仁，一日克己复礼，天下归仁焉，为仁由己，而由人乎哉？"颜渊曰："请问其目。"子曰："非礼勿视，非礼勿听，非礼勿言，非礼勿动。"（《颜渊》）

克己复礼即克制个人的自然欲望以遵守社会道德规范。孔子这里是继承了春秋以前的讲法，《左传》昭公十二年："仲尼曰：古也有志，克己复礼，仁也，信善哉。"可见，春秋文化早期，仁的意义只是克己复礼，是在"礼"的框架中定义仁，孔子仍保留此种用法，但非主要的用法，应可肯定。

3. 仁统指道德法则

> 子曰："富与贵是人之所欲也，不以其道得之，不处也。贫与贱，是人之所恶也，不以其道得之，不去也。君子去仁，恶乎成名？君子无终食之间违仁，造次必于是，颠沛必于是。"（《里仁》）

这里的"其道"即仁道，君子造次颠沛必不违的仁亦即这个仁道，也就是道德原则。这显然发展了"克己复礼为仁"，仁不仅指对社会规范的遵守，更在于内心中衡量的道德法则和道德精神。故孔子说："志士仁人，无求生以害仁，有杀身以成仁。"（《卫灵公》）

孔子以"比干谏而死"为殷有三仁之一，也表明了此种意思。"无求生以害仁"是说不可因顾及生命而伤害道德法则，反而，为了信守道德法则可以牺牲生命，这里的仁就是统指道德法则而言。此可见仁非仅是德性，亦是道德法则。又可见仁非单一德行，乃德行之全。

4. 仁为全德

蔡仁厚指出，孔子没有将仁视为固定的德目，也没有从字义训诂上解释仁。"如果从字面上看，以上各章之答语，似乎没有一个字是与仁有关系的，如樊迟三次问仁，孔子的回答第一次答以爱人，第二次答以恭敬忠，第三次答以先难而后获，故可看出仁超越一切特定德目，又综摄一切德目，所以仁是全德之名。"（蔡仁厚，《孔孟荀哲学》，台湾学生书局，1988年，第66—68页）陈荣捷也认为，孔子以前的德行都是特殊的德行，孔子第一个把"仁"看作一种普遍的德行，一种包括所有特殊德行的、整体的、普遍的德行。

5. 仁即忠恕之道

"仲弓问仁，子曰：'出门如见大宾，使民如承大祭。己所不欲，勿施于人……'"（《颜渊》）《左传》中僖公时白季说："臣闻之：出门如宾，承事如祭，仁之则也。"孔子的第一句话也是记述前人之言，但是出门如宾、使民如祭，只是强调"敬"，这明显仍是礼乐文化中仁的讲法。故孔子把仁做了一大提升，提出"己所不欲，勿施于人"，这样，仁就是一个根本性的人己关系原则，这也就是当今世界伦理运动宣告的为全世界宗教传统所共同肯定的基本道德原则——金律，它的另一表达是："己欲立而立人，己欲达而达人。"

"子贡曰：'如有博施于民而能济众，何如？可谓仁乎？'子曰：'何事于仁，必也圣乎！尧舜其犹病诸，夫仁者，己欲立而立人，己欲达而达人。……'"（《雍也》）博施济众即是立人达人的表现，是仁。

这样的仁人不是一个仅仅持守"己所不欲，勿施于人"的洁身自好的人，而是可以更积极地投入社会性的活动中，使社会上的公众都能实现自己的理想，都能过上富庶、文明的生活。

6. 仁者爱人

回忆一下春秋时代仁的用法，《国语》有"爱亲之谓仁"，出于晋文公时。又有"仁，文之爱也"，出自单襄公。又有"爱人能仁"，以及"明慈爱以导之仁"，见于楚申叔时。"仁所以保民也"，出自周大夫富辰。

还有以国相让为仁、幸灾为不仁、不背本为仁、忘其亲为不仁、仁不怨君等，所以"仁"为厚道之德，以爱为特质。因此，"樊迟问仁，子曰：'爱人。'"（《颜渊》）

《论语》中另有一段说：

> 子曰："道千乘之国，敬事而信，节用而爱人，使民以时。"（《学而》）

又一段记载子游说：

> 昔者偃也闻诸夫子曰："君子学道则爱人，小人学道则易使也。"（《阳货》）

从这些材料看，爱人在政治的意义上就是爱民，所以，以爱为仁，是从爱亲为仁发展出来的一般的爱，既是对民的爱，也是对他人的爱。

《礼记·哀公问》记哀公问孔子为政之道：

> 孔子对曰："古之为政，爱人为大。不能爱人，不能有其身；不能有其身，不能安土；不能安土，不能乐天；不能乐天，不能成其身。"

《礼记·表记》：

> 中心憯怛，爱人之仁也。

《孟子·离娄下》：

> 君子所以异于人者，以其存心也，君子以仁存心，以礼存心，仁者爱人，有礼者敬人。

《孟子·尽心上》：

> 仁者无不爱也。

就仁爱所包含的各种特殊表现而言，仁包括爱护、同情、怜悯、体谅、厚道、亲情、忍让、慈爱、友善、报恩、善良等。相比而言，仁是对人的态度，义是对原则的态度。孔子突出仁爱作为德之首、德之全，这是与春秋时代不同的。

仔细体会孔子的立场，有两点很突出，一个是"责己"，一个是"恕人"。一个人如果只是怨恨别人，要求别人，责备别人而毫无反躬自省之心，不能求己责己，就不是君子。因此，孔子提倡的是一种相当高的道德境界，不是比道德底线刚刚高一点的道德，而且这不是从行为上，而是从意识、从内心建立起道德的基础。

"己所不欲，勿施于人"这句话，着眼于道德实践的入手处，所以先说"己"，但这句话真正的着眼点是"人"，要解决每个"己"怎样对待其他的"人"的问题，不要只想到自己要对人做什么，而要想到这样对人是不是正确的。这个立场始终是考虑别人、他人的立场，所以叫作"恕"，恕说到底是他人优先，以他人为重，从他人的需要和处境考虑问题。所以这个原则很简单易行，如果你对"人"的行为的性质没有把握，你就反过来想想，这个做法如转之对于你自己，你是否希望这样，欲求这样。所以这也是反思的原理。

梁漱溟指出："中国之以伦理组织社会，最初是有眼光的人看出人类真切善美的感情，发端在家庭，培养在家庭。他一面特为提掇出来，时时点醒给人——此即'孝弟''慈爱''友恭'等。一面则取义于家庭之结构，以制作社会之结构——此即所谓伦理。于此，我们必须指出：人在情感中，恒只见对方而忘了自己；反之，人在欲望中，却只知为我而顾不到对方。"他点出儒家伦理精神在以对方为重："伦理社会所贵者，一言以蔽之曰：尊重对方。何谓好父亲？常以儿子为重的，就是好父亲。何谓好儿子？常以父亲为重的，就是好儿子……所谓伦理者无他义，就是要人认清楚人生相关系之理，而于彼此相关系中，互以对方为重而已。"（《梁漱溟全集》第三卷，山东人民出版社，2005年，第90—91页）

己欲达而达人，己欲立而立人，己所欲，施于人。这个立场与恕不同，它是从"己"出发，假定"我需要的也一定是人需要的"。这个假定与恕道的假定"我不欲的，也一定是别人所不欲的"不同，是不相等的。恕道的消极假定，比积极假定更为可靠，否则很难避免强加于人。人类对于何为"好"，往往看法不同，因为宗教、信仰、价值不同。但对何为不好的看法往往一致，杀、盗、奸之不许，是大家所同，故"忠道"仍难免自我中心，而"恕道"是"他人"中心。这种内在的深刻差异，应当好好考虑。

与此种用心不同的另一方向是反身责己。对自己要责，对他人要恕，这是孔子和儒家的想法，所以"躬自厚，薄责于人"是孔子对待"人己"的修养方法。

恕与忠一样，都是为他人着想，故恕是仁的一种表现和体现，并非与仁无关，同时仁通过忠恕也具体化为规则。

这一思想的另一种表达，便是"爱人"。

　　樊迟问仁，子曰："爱人。"问知（智），子曰："知人。"（《颜渊》）

爱人故能博施于民，济困于民，己欲立而立民，己欲达而达民，因此，爱人之仁并非抽象的博爱，是和己达达人、己立立人之仁互为表里的，它所指的就是对民生的一种关怀，把致力满足民生需求作为自己的内在动因。

以上几条与忠恕有何关系？《论语》中有以下一段：

　　子曰："参乎！吾道一以贯之。"曾子曰："唯。"子出，门人问曰："何谓也？"曾子曰："夫子之道，忠恕而已矣。"（《里仁》）

这是说曾子理解孔子所说的一贯之道就是忠恕之道。《论语》另一则可以说为曾子提供了支持：

　　子贡问曰："有一言而可以终身行之者乎？"子曰："其恕乎！己所不欲，勿施于人。"（《卫灵公》）

这里孔子明确把"己所不欲，勿施于人"称为"恕"，它是一言而可以终身行之者，亦即一以贯之于一身行事者，因此，恕不是一个个别的德行，"己所不欲，勿施于人"是一个原则、法则的称述。当然，一种道德法则的遵行，久而久之内化为内心之德性，即为恕德了。恕可以是"仁"在法则上的一种表达。对于孔子，恕比忠更为重要，"忠恕"有时就是恕的表示。

《礼记·中庸》引孔子的话进一步说明：

> 子曰："忠恕违道不远，施诸己而不愿，亦勿施于人。君子之道四，丘未能一焉，所求乎子，以事父，未能也；所求乎臣，以事君，未能也；所求乎弟，以事兄，未能也；所求乎朋友，先施之，未能也。"

从金律和忠恕一贯之道来看，显然不能把孔子的伦理思想、道德思想归为德性伦理，因为孔子很重视而且更多地说到准则、规则、法则、原理。所以，若超越德论而言，则仁既是德，也是道。

7. 仁与乐

最后简单说一下作为最高精神境界的仁。孔子说："不仁者，不可以久处约，不可以长处乐，仁者安仁，知者利仁。"（《里仁》）约是穷困窘迫。

仁者可以长处约，长处乐，而不改其安乐的境界。仁代表一种不受环境影响的心灵的精神安乐，故"仁者无忧"，又如"仁者乐山"（《雍也》），只是孔子对此发挥尚少，要到宋明理学才进一步发展。"知之者不如好之者，好之者不如乐之者。"（《雍也》）孔颜乐处的精神已经表露出来了。

三 仁礼论

毫无疑问，孔子对西周以来的礼乐文化充满敬意，他也以恢复在春秋末期被破坏了的礼乐文化为己任，所以孔子是重视"礼"、维护"礼"、实践"礼"的。

西周以来的所谓"礼"，本来是一无所不包的文化体系，其中两大重要的部分，一为制度，一为礼仪。礼在制度方面的规定是确定国家政治关系的制度体系结构，礼仪则规定着贵族生活与交往关系的形式。西周时代，丧祭、冠婚、射御之礼已经为礼之大体，即礼的主要内容。周代的礼仪是以一套象征意义的行为及程序结构来规范、调整个人与他人及宗族、群体的关系，使交往关系文明化，使礼统治仪式化。同时"礼"本身也是一套生活规范体系，如言语、容貌、活动、礼节等。

从规范体系来看，西周与春秋的礼乐文化明显有"他律"的特征，这虽然不是以神的理念为基础的神的他律，但仍属于立足于人的社会习俗的"礼的他律"。礼的他律不仅与神的他律不同，也与法的他律不同，是以礼仪或礼俗的形态体现和存在，故礼乐文化代表的文化模式是人文性的，这在春秋时期的人文思潮的发展中就更为明显了。

同时，在春秋时代，礼乐文化本身也出现了一些变化，即由于社会的变动和失序，礼所强调的重心向礼政方面转移，突出礼义，这是礼的原则化的趋势。就是说，礼由原来的节目度数体系向着抽象、归约为政治原则和道德原则的方面发展。这首先体现了春秋时代的"礼仪之辩"。昭公初年到晋访问，晋侯以为鲁昭公善于礼，但晋国大夫说鲁侯不知礼，因为鲁国政治失调，公室四分，政令在家。可见这个时代人们重视的礼，更重要的是政治程序的核心原则，而不仅是制度仪式的总体。在孔子的时代，晋赵简子问郑国的子大叔什么是礼，子大叔明确说，礼不是仪式，"礼，上下之纪，天地之经纬也"，"礼仪"是仪节度数，礼义则是上下之纪、君臣父子兄弟等伦理关系原则。西周春秋时代的德目表中绝大多数没有"礼"，也说明春秋时代的礼主要是礼俗和制度。

所以，我们说，春秋社会文化的发展，使得"礼政"的论述远多于"礼乐"，越来越丰富的礼政论述成了春秋思想的重要特征之一。春秋的礼仪之辩表明，西周以来的礼乐文化的发展，在知识阶层的视野中，已转变到对礼政的注重，礼被关怀的焦点，不再主要是保持保守一套极具形式化的仪节体系和高雅的交往形式，人们已经从"形式性"转到"合理性"，对礼的关注更多的是礼作为合理性原则在实践中的表现。这也就是向着"礼义"的转变。

孔子对礼的发展，一方面守护礼乐文化作为文明成果与生活方式、文化模式，同时还要把礼从纯粹的他律，引进仁所代表的道德意识，重建合理的政治秩序和政治伦理。孔子代表的儒家要把礼更加道德化，突出其道德精神，当然也致力保持礼以实现一种非法律维持的社会组织方式，同时包含着要把礼变成德的倾向。

礼是当时的社会规范形式，故孔子把"礼"看成德性得以不偏不倚地建立的合理约束。我们记得，孔子把德性与好学联系起来，他在"六言六蔽"中说：

> 好仁不好学，其蔽也愚；好知不好学，其蔽也荡；好信不好学，其蔽也贼；好直不好学，其蔽也绞；好勇不好学，其蔽也乱；好刚不好学，其蔽也狂。

这个讲法中充满着一种合理性的精神，荡、乱、狂都不具合理性。有趣的是，类似的表达也见于孔子论德与礼：

> 子曰："恭而无礼则劳，慎而无礼则葸，勇而无礼则乱，直而无礼则绞。……"（《泰伯》）

恭、慎、勇、直都是德行条目，但没有礼的约束和范导，就会变成德行的反面。因此，礼的约束与规范是德行得以成为德行的重要外在条件。所以，"仁"德之实现也不能脱离礼的实践。这是孔子答颜渊问仁肯定"克己复礼"的基本意思：德性与规范的互相补充，互相完成。

也因此，孔子说：

> 知及之，仁能守之，庄以莅之，动之不以礼，未善也。（《卫灵公》）

善的完成不仅要有知、仁的德性实践，敬的态度，还必须在行为上符合礼的要求，仅仅是知及仁守的德性还不能真正完成善，所以孔子教他的儿子"不学礼，无以立"[1]，他自己讲"三十而立"，也是说对礼具备了基本的了解和实践。所谓"博学于文，约之以礼"也是这个意思。

但是，孔子的思想特色与贡献，更在于认识到礼作为仪式、规范，如果不发于真实的道德意识和道德情感，就失去了真正的意义。没有脱离德性、独立的礼。他说：

> 礼云礼云，玉帛云乎哉？乐云乐云，钟鼓云乎哉？

---

[1] 《尧曰》中亦有"不知礼，无以立也"。

（《阳货》）

古代以玉帛为聘礼，以钟鼓为乐（礼之器），但孔子提出，礼只是玉帛这样的形式吗？乐只是钟鼓这样的器物吗？玉帛钟鼓都是形式，孔子追求的则是一种有内容、意义的形式，这与礼仪之辩和后来的本末之辩是一脉相连的。

　　林放问礼之本。子曰："大哉问，礼与其奢也，宁俭，丧与其易也，宁戚。"（《八佾》）

礼作为仪式或典礼，并不以奢华为上，宁可物备俭约而有真正的诚敬之心；丧仪与其节文详细，不如有真实的悲哀之情。因此，礼之"本"在于道德意识与道德感情，这并不是说仪式不重要，而是要求仪式必本于、出于道德之心，所以，"合礼性"要让位于"合德性"的优先地位。
　　因此，可以说孔子是以仁统礼，以义贯礼，就是要为礼注入一种道德的精神，又把礼的规范总结为一些道义的原则。

　　子曰："人而不仁，如礼何？人而不仁，如乐何？"（《八佾》）

仁就是礼之本，没有"仁"所代表的道德之心，礼乐只成了没有真实意义的空洞形式。

此外，孔子还提出"为礼不敬，临丧不哀，吾何以观之哉"（《八佾》），"不能以礼让为国，如礼何？"（《里仁》）都突出了礼的精神是"敬"和"让"，礼的功能是约之、节之。

至于礼作为政治统治的手段，则不在这里谈了。如"上好礼，则民莫敢不敬"（《子路》），"上好礼，则民易使也"（《宪问》），都是要求统治者以身作则，严守规范，以实现使民的目的。

四　君子论

西季威克以降，特别是当代伦理学，都用good / right（好/对）的优先性来定义某种伦理思想的特质和形态，在这个框架中，孔子的思想无疑是从good出发的。

这是什么意思呢？我们通观孔子的思想，可以说孔子关注的问题是一个整体人生的问题，他实际上关心的是，什么是美好的人格，美好的人格如何体现，什么是美善的行为，什么是理想的人生，什么是理想的人格，人生的基本准则是什么，人生的理想境界是什么。

孔子所关注的不是起码的行为准则，比如"学而时习之，不亦说乎"，这并不是一个一般描述性的语句，而是有价值引导性的，表示他把"学而时习"看成一种美好的人生活动，一种应加以倡导的活动和态度。然而，"学而不时习"，却不是一个不道德的行为。如果我们说人的行为有不道德、道德和超道德的话，《论语》中很多的话语都是比"道德"要求的水平更高、更好的人生，这些不仅是"非道德"的，也包含着"超道德"的。非道德的是非价值性的语式，超道德的是肯定性的、倡导性的语式，但其境界已超乎道德基本的要求。

孔子的这些思想最主要的表达方式，是"君子……"，偶尔也有"士……"，可以说，《论语》中表达最多的，是孔子关于士君子的人生理想、生活态度、行为方式与准则，虽然孔子倡导的人格论中有成人、善人、圣人，但最典型的还是"君子"。

"君子"在西周和春秋前期主要指贵族，张恒寿说："君子一词，古代本来是专指统治阶级的贵族士大夫而言，不说在《尚书》《诗经》等书中没有例外，到了《论语》等作时，君子一词就有不同的用法了。"（《近四十年来孔子研究论文选编》，齐鲁书社，1987年，第298页）他指出，孔子所言"君子"，一方面沿用以前专指有管理地位的贵族而言，另一方面则发展出来指道德品质而言的用法。这是孔子的贡献，汉以后的中国文化中，"君子"的用法就是指有较高的道德品质的人格而言。

在《论语》中，"君子"之道及"君子"之德是最主要的话题，由于孔子所说的"君子"有时指统治者，有时指道德人格，这里先仅就后者来讨论。

《论语》开篇："子曰：学而时习之，不亦说乎？有朋自远方来，不亦乐乎？人不知而不愠，不亦君子乎？"其实孔子正是把乐于"学而时习"，以"远方有朋来"为乐，及"人不知而不愠"作为君子的德行。"子曰：君子食无求饱，居无求安，敏于事而慎于言，就有道而正焉，可谓好学也已。"这种表达并非仅可看作对某君子行为的描述，而是说"君子应……"正如前面所说，"应"表示倡导，做不到固然不是君子，但也不必是小人，不必是不道德的，因为君子之道、君子之德是较基本道德为高的人格。

君子无终食之间违仁。（《里仁》）

子谓子产有君子之道四焉：其行己也恭，其事上也敬，其养民也惠，其使民也义。（《公冶长》）（恭，是自身行为，惠是宽惠，义是得当，都涉及德行，可知君子之道即是君子之行。）

君子博学于文，约之以礼。（《雍也》）

君子所贵乎道者三：动容貌，斯远暴慢矣。正颜色，斯近信矣。出辞气，斯远鄙倍矣。（《泰伯》）（动即恭，正是端正。）

曾子曰："可以托六尺之孤，可以寄百里之命，临大节而不可夺也，君子人与？君子人也。"（《泰伯》）

子夏曰："……君子敬而无失，与人恭而有礼，四海之内，皆兄弟也，君子何患乎无兄弟也？"（《颜渊》）

子曰："君子成人之美，不成人之恶。……"（《颜渊》）

子曰："君子耻其言而过其行。"（《宪问》）

子曰："君子道者三，我无能焉，仁者不忧，知者不惑，勇者不惧。"（《宪问》）

子路问君子。子曰："修己以敬。"曰："如斯而已乎？"曰："修己以安人。"曰："如斯而已乎？"曰："修己以安百姓。……"（《宪问》）

君子义以为质（原则），礼以行之，孙以出之，信以成之。（《卫灵公》）

君子谋道不谋食……君子忧道不忧贫。（《卫灵公》）

躬自厚而薄责于人。（修身工夫）（《卫灵公》）

君子亦可代换为士：

士志于道，而耻恶衣恶食者，未足与议也。（《里仁》）

"士志于道"表明士是有崇高理想的人，这与君子"谋道""忧道"是一致的。一个士君子，他的追求不是物质生活，而是社会理想、道德理想。这样一种士君子人格的提出，已经不是狭义的virtue ethics所能包含的了。这也导致中国人往往以"君子"要求别人，而不是以"对"（right）要求人。

> 曾子曰："士不可以不弘毅，任重而道远，仁以为己任，不亦重乎？死而后已，不亦远乎？"（《泰伯》）
> （弘毅是刚毅。）
>
> 士见危致命，见得思义，祭思敬，丧思哀。（《子张》）（致命即献出生命。）

所以，孔子的一个突出的贡献和工作，是把"君子"作为一种较高的道德人格，集中在论述士君子的人生准则、人生理想，这使得西周春秋以来的道德意识通过君子的概念、形象被大大提升起来。在《论语》中孔子更常常以"君子"与"小人"对举，显示君子道德的崇高。"不义而富且贵，于我如浮云"。（《述而》）

> 君子和而不同，小人同而不和。（《子路》）
> 君子周而不比，小人比而不周。（《为政》）（周是团结，比是勾结。）
> 君子怀德，小人怀土。（《里仁》）
> 君子喻于义，小人喻于利。（《里仁》）
> 君子坦荡荡，小人长戚戚。（《述而》）（这里指的是

人生态度，不是具体的道德原则。）

　　君子成人之美，不成人之恶，小人反是。（《颜渊》）

　　君子泰而不骄，小人骄而不泰。（《子路》）

　　君子上达，小人下达。（《宪问》）

　　君子固穷，小人穷斯滥矣。（《卫灵公》）

　　君子求诸己，小人求诸人。（《卫灵公》）

　　君子学道则爱人，小人学道则易使。（《阳货》）

　　其中三条最重要，最有代表性："君子喻于义，小人喻于利"，这是明确说明君子行为的道德原则，以义为行动的指针，而不以利为行动的驱动；"君子坦荡荡，小人长戚戚"，明确说明君子的内心境界；"君子求诸己，小人求诸人"，君子的修身原则要求自己，小人要求别人。

　　最后来看君子的三戒、三畏、九思和三变。

　　孔子曰："君子有三戒，少之时血气未定，戒之在色；及其壮也，血气方刚，戒之在斗；及其老也，血气既衰，戒之在得。"（《季氏》）

　　孔子这里实际上指出人生三个阶段容易出错之处，所以君子必须有所戒。不过，少、壮之戒确与"血气"有关，表示人始终要注意自然禀赋"血气"在道德上可能带来的危害。但老年之病在得，"得"与血气之衰应无关系，血气不起作用了，自我了解开始起作用了。

> 孔子曰："君子有三畏，畏天命，畏大人，畏圣人之言。小人不知天命而不畏也，狎大人，侮圣人之言。"（《季氏》）
>
> 孔子曰："君子有九思，视思明，听思聪，色思温，貌思恭，言思忠，事思敬，疑思问，忿思难，见得思义。"（《季氏》）
>
> 子贡曰："君子有三变，望之俨然，即之也温，听其言也厉。"（《子张》）

九思之思即"要""应"的规范，视要明，听要聪，言应忠，事应敬，这是君子修身的要求。三变是君子之容，在今天意义不大。而三畏比较有意思，三畏突出一种"敬畏"的心态，而敬畏的对象一是天命，二是圣人之言。天命代表神圣的宇宙秩序，圣言代表经验和智慧的真理，对天命和圣言的敬畏是非常重要的道德基础。

这些有关"君子人格"的意识、胸怀、境界、行为包含甚广，有些表现为"德目"即德性条目，如"君子之道四"的恭、敬、惠、义，以及"义、礼、逊、信"：

子谓子产"有君子之道四焉：其行己也恭，其事上也敬，其养民也惠，其使民也义"。（《中庸》）

子曰："君子义以为质，礼以行之，孙以出之，信以成之。君子哉！"（《卫灵公》）

但大多数并非以德目形式出现。

因此，如果以亚里士多德的《尼各马科伦理学》为准则，可以说春秋时代的道德思想是"德性的时代"，德目表很多，德性体系是大家关注的主要对象，而孔子的思想则不是若干德性所能包容的。在这个意义上说，virtue ethics只是孔子道德思想和人生哲学的一部分，孔子更多的道德思想不是以德性节目为形式提出，而是以较德目更为普遍的方式提出来的。当然，孔子的这些非以德目为形式的思想与德性伦理（美德伦理）一样是基于good，即对好的、善的完满人生的追求和探究，是综合的人格伦理，在广义上未尝不可以叫作德性伦理，但仍似未切，也许我们只能说这属于美善伦理，而不是美德伦理，美德之美本即善之义，故美善才是对完整的善的追求，通过君子人格成为整体，成为目的。

不仅如此，孔子还提供了德行、嘉行和原则综合探究而非刻意对立的典范，与罗尔斯以规则为伦理学全部探究任务，和麦金太尔只以美德为伦理学首要任务都不同，孔子提供的是结合各种道德探究的方式；更加值得注意的是，孔子与西方哲学家不同，他还从实践方法，即工夫的方面讨论了人格发展的主题。

因此，孔子言论中不仅有"守死善道，笃信好学"的人生准则，更有对道德原则和人生原理的普遍性的表达：第一类是"义利"问题，解决方法是"成仁取义"。

> 富与贵，是人之所欲也，不以其道得之，不处也。贫与贱，是人之所恶也，不以其道得之，不去也。（《里仁》）
>
> 志士仁人，无求生以害仁，有杀身以成仁。（《卫灵公》）
>
> 君子之于天下也，无适也，无莫也，义之比也。（《里仁》）

可以说所有道德问题的核心是如何处理"义与利"的关系。在儒家看来，抓住此核心，在这一根本问题上确定"义"的优先性在人生选择中的地位，一切道德问题都会迎刃而解，也是"君子"为君子的关键。

第二类是"人己"问题，解决之道是忠恕。

孔子说自己是"一以贯之"，这说明孔子思想并非只注重若干德性、美德，罗列众多嘉行，而有一通贯性原则，这一原则他自己是有明确意识的，曾子把这一贯之道说出来，即"忠恕"之道。

　　我不欲人之加诸我也，吾亦欲无加诸人。（《公冶长》）

　　己所不欲，勿施于人。（《颜渊》）

　　子贡问曰："有一言而可以终身行者乎也？"子曰："其恕乎！己所不欲，勿施于人。"（《卫灵公》）

　　夫仁者，己欲立而立人，己欲达而达人。（《雍也》）

　　躬自厚而薄责于人。（《卫灵公》）（"己"又称"自"。）

　　"人己关系"既包括怎样对待自己，也包括怎样对待别人。不只是对待别人的问题，《尚书·大禹谟》已提出"舍己从人"。孔子与《新约》一样，都归结到人己的原则，基督教说爱人如己，孔子说己所不欲，勿施于人。

　　所以在孔子思想中，己—人是一个基本问题，"己"也是一个很重要的观念，有双重性。一方面"己"为"修"的对象，"正"的对象，这个意义上的"己"是个人的利益、欲求、主观立场的综合；另一方面"己"又是实践的主体性，"为仁由己"。最后"己"还是一个自我的观念，古之学者为己，为了图谋发展真正的自我。所以，己首先是道德反省对象，然后是积极实践的意志，最后是总体的精神的自我。在仁论中我们还看到，己也是道德推理的逻辑起点：己所不欲，勿施于人。

这些一以贯之的"道"，可一言而终身行之的，都不是那些单方面的德性，而是社会道德生活的根本原则和定律。孔子"忠恕之道"的表达，既是对社会伦理生活的原理性概括，又有"切问而近思，仁在其中"（《子张》）的接近道德实践的性悟，既是立法原理，又是实践准则，切近于践履。

从君子之德到一贯之道，可以看出，孔子的这些道德思想已经超越了宗法社会的限制。这些道德不是宗法性道德或宗法伦理，而是超越特殊社会关系性质的、对人和社会带有普遍性的道德思考。

不仅如此，孔子还探讨了"好恶"与"善恶"的问题，如：

唯仁者，能好人，能恶人。（《里仁》）

我未见好仁者，恶不仁者。好仁者，无以尚之；恶不仁者，其为仁矣。（《里仁》）

子贡问："乡人皆好之，何如？"子曰："未可也。""乡人皆恶之，何如？"子曰："未可也，不如乡人之善者好之，其不善者恶之。"（《子路》）

所以，人不能追随缺乏准则的好恶，乡人皆好者未必善，乡人皆恶者未必恶。"众恶之，必察焉；众好之，必察焉。"（《卫灵公》）人之善者则好之，人之不善者则恶之，要有善恶的分辨，故好善而恶恶才是君子，才是仁道。所以主观心理的好恶不能作为行为的准则，必须有善恶观念建立才有道德。确定了善恶观念的君子，才能真正地去好去恶，他的好恶才能立于不偏之地。

好可以好仁、好学、好礼，如：

子贡曰："贫而无谄，富而无骄，何如？"子曰："可也，未若贫而乐，富而好礼者也。"（《学而》）

子曰："吾未见好德如好色者也。"（《子罕》）

这都说明血气本能之好，只是好色一类的好，好仁好德及好学都是在血气本能的提升基础上才有的。所以孔子很提倡"好"，如好仁、好礼、好义、好信、好德，这一个"好"字很能反映孔子思想，贫而能"乐"，富而"好"礼，这些都不止于德性伦理，而代表着整体的人生态度和人格理想。

如果进一步从道德意识的内在方面来看，孔子已经提出"耻"，这也与春秋以前不同。

子贡问曰："何如斯可谓之士矣？"子曰："行己有耻。"（《子路》）

子曰："君子耻其言而过其行。"（《宪问》）

宪问耻。子曰："邦有道谷，邦无道谷，耻也。克、伐、怨、欲不行焉，可以为仁矣。"（《宪问》）

邦有道，贫且贱焉，耻也。邦无道，富且贵焉，耻也。（《泰伯》）

孔子认为民有羞耻心才是社会的基础。羞耻心是道德的基础防线，没有羞耻就谈不上道德。

李泽厚曾把儒家文化也列为乐感文化，的确，孔子讲到"乐"处很多，这与其他宗教创始人形成鲜明对比；但孔子所讲的乐不是感性愉悦，这是要辨别清楚的[1]，在这个意义上，孔子讲的乐不是克尔凯郭尔的美感境界，如果说这种乐具有美学的意义，也是指其无功利的自由的特质。

《论语》开篇即讲好学之乐，有友之乐；表扬颜回贫而乐，在陋巷，无忧而不改其乐。孔子又把"乐之者"放在"好之者"之后（与知之者相对的好之者，有仁的意思，如"知及之，仁不能守之"），作为更高的一个阶段。的确，从中可以看到孔子对人生的态度是乐观的、通达的，是追求现世的精神充实、追求最高的精神境界之乐。

最后我们来看孔子对修身工夫的论述。前面的讨论中已

---

〔1〕 李泽厚区分了三种审美的乐感，最后一种为悦志悦神。

经涉及不少有关修身工夫的节目，应当说明，《论语》并没有提出"修身"的概念，但我们可以说，孔子的整个道德思想都是以修身为主题的，在一定意义上就是一个"修身之学"的体系。在《论语》中，虽没有提出"修身"的概念，但有与修身类似的观念，如"修己""正身""求诸己"，都是强调要反对自我中心，要批评反省自己，道德实践要从自己做起，求己即要求自己。所以，他的前述讨论往往都与修身这个中心有密切联系，提出了许多修身之方，如"求己"（君子求诸己），"志道"（士志于道），"好学"，"博文约礼"（博学于文，约之以礼），"复礼"（非礼勿视、听、言、动），"自讼"（吾未见能见其过而内自讼也），"自省"（见不贤而内自省也），"改过"（过而不改斯谓过），学思并重（学而不思则罔，思而不学则殆）。可见，孔子思想有实践的性格，有明显的践履性。

孔子的根本影响——如果不是贡献的话——就是"君子"话语性质的改变，使得此后中国文人也把君子人格理想看成最重要的价值。今天一个青年可能会问：我为什么要成为君子？而从孔子到宋明，人们把追求君子理想当作不言自明的真理，根本不会去问这种问题。塑造文化中不言自明的东西，就是孔子的意义。

在规范伦理学中，以原则为基础，判断正确行为和错误行为；这种理论把注意力集中在行为对错的原则上，而不重视那些有动机的行为主体——行动者即人。但是在广义的评价实践中，我们不仅对人的"行为"做判断，也通常对一个人是"什么样的人"做判断，对一个人的品质整体做判断，如说"他是个好人"，即为此类。因此评价一个人的价值，不仅要看他履行了什么具体义务和原则，还要用整体的品德、品质来概括他。[1]

这就是"美德伦理"在古往今来的道德实践和道德评价中占有重要地位的原因。事实上，在各个文化的古典时代，美德伦理都是伦理学说的主要形态或重要内容。规范伦理学关注的是"我应该做什么（才是道德的）"，而美德伦理关注的是"我应该成为什么品质的人"。古代思想家不仅关注一个个具体的道德困惑的解决，更关注如何培养一种"整体的生活方式""整体的人格"。一个圣贤，并不是一件一件道德困惑解决后才最后达成，而是圣贤人格的整体养成使他自然可以应付各种具体境遇，因此，古代重要的问题常常是如何从小养成一些基本的品质和美德。

孔子与中国哲学一开始就致力于在这个方向上建立一种高尚人格的概念，如"君子""圣人"，他们是我们所期望成就的人，是我们希望自己去仿效的榜样，我们要成为像他们那样的人，而不只是去做他们曾做过的事，这也是儒家的实践智

---

〔1〕 参见彼彻姆，《哲学的伦理学》，中国社会科学出版社，1990年，第221页。

慧。孔子讲"仁者人也",说明儒家仁学始终把关注行为者本身——人放在重要的地位。

孔子的美德思想中重要的贡献,并非德目本身的详细建构,而是一方面继承春秋思想,把德目归约到"智仁勇",把"仁"特别突出来作为最高的德性和全德的代表;另一方面把"君子"树立为理想人格的概念,一改古代的君子特指统治者身份的用法,使"君子……"成为儒家"应该成为什么样的人"的典型的表达方式。

在有关"君子任重而道远""君子……"这一类格言的问题上须辨明一个问题,就是君子之道和君子之德与一般所说"应当做什么"有所不同。在古代儒家,"我应当做什么"与"我应当是什么样的人"是密切结合在一起的。虽然《论语》里面有关"君子……"的论述,也可以理解为要求我们应该那样去做,但总的来说这是一种倡导,一种对高尚理想的引导;这种倡导是在"应该成为什么人"的意义上,而非"应当怎样做才是道德的"意义上,以形成一种人品意识,引导人的精神发展。

也就是说,一般所谓"应当"表示道德的规范,不按这样的"应当"去做,就不能构成道德行为,即不道德。而对孔子的"君子……"论述而言,人不那样去做并不就是不道德,只是在境界上未达到君子人格罢了。因为对许多君子论述而言,这并非道德与不道德的界限,君子论述不是基本的道德义务。

这种不同我们姑且以"道德德性"和"美德德性",或道德论述与美德论述加以分别。道德德性和道德论述帮助我们履行基本的道德义务,而美德德性包含范围更广,可帮助我们养成超义务的行为和德性,如成为圣人和英雄。这两种德行的分别可用许多方式表达,如有人称为"普通道德"和"非普通道德"(彼彻姆,《哲学的伦理学》,第256页),在性质上前者多表现为"约束",而后者则表现为"提升"。基督教的"十诫"和《论语》的"君子"鲜明地表达了这种分别。

约翰·斯图亚特·穆勒对"做"和"是"、消极和积极做了比较,也对古希腊道德观和反古希腊的近代道德观做了比较。他在《论自由》中说:

> (基督教)大部分是对异教精神的一种抗议,它的理想与其说是积极的,毋宁说是消极的;与其说是主动的,毋宁说是被动的;与其说致力崇高,毋宁说但求无罪;与其说殚精求善,毋宁说竭力戒恶。总之,在他的训条里,"你不该"的字样不适当地盖过了"你应当"的字样。(引自彼彻姆,《哲学的伦理学》,第226页)

因此,当"服从"戒律成为唯一的价值伦理标准,我们就很难获得所谓恢宏气度、高尚胸怀、个人尊严甚至荣誉之感。

美德德性要求的是超越义务的人格理想,其倡导的生活和德行高于作为最低要求的道德义务，如圣人和英雄能够克服、抵抗的困境，如恐惧，是其他人难以克服和抵抗的。"正是这种不可能性，使得我们不能把圣人和英雄的行为归属为义务。"但圣人与英雄永远是激励我们的一种巨大的提升力量。

一个人不履行基本的道德义务，是应当受到谴责的，但圣人或英雄没有实现他们的理想，或我们追求圣人境界而未达，则不受谴责，最多对我们或他们希望的未达成而表达失望，因为这些理想是超越了义务和责任的，一个人不明美德行为并非即是道德上的错误。（彼彻姆，《哲学的伦理学》，第267页）

需要注意的是，圣人和英雄的行为通常是超越义务的，这是他们所以成为圣人或英雄之所在。但他们的行为并非永远是超越义务的，我们有时把某些人看作人格的榜样，正是由于他们能在某种情况下履行自己的道德义务，而其他人在这种情况下，可能不愿履行，《论语》中的君子论述也有不少这样的情形。儒学无形中也会把达不到君子境界看成没有履行基本义务，其原因就是缺乏这种分辨。

因此，有价值的行为不能等于履行"义务"，一切有价值意涵的格言不能等同于禁令所理解的"应当"，正如费因伯格指出的，在普遍化的劝告陈述中，有的是关于不准、禁止的责任和义务的规则，而有些则最好叫作格言、箴言、智慧、告诫，后者仍指导人生和行为，但是属于超责任的道德。（彼彻姆，《哲学的伦理学》，第265页）

为什么孔子会把道德生活的重点放在美德理想——君子人格上呢？这与贵族社会有关，因为孔子讲学的对象多是士，即最低的贵族。贵族衣食无虞，有文化教养，因此有可能发展出比较高尚的人格。古代欧洲的贵族人格标准也是如此，正如亚里士多德所认为的，人的卓越范例是雅典的绅士。

所以，在古代文化中，"礼"是"对"的问题，对或者不对；"仁"则是"好"的问题，好的人，好的生活，好的精神境界。礼是"约束""克制""节制"，仁则是"激励""兴起""怀仰"。

麦金太尔区别了"规则的道德"（morality of rules）和"德性的道德"（morality of virtues），前者为现代的道德观，后者为古典的道德观。石元康用亚当·斯密的"文法的规则"和"美文的特征"来说明责任的分别。文法的规则是对文学的"正确"的最低要求，而美文的特征则是文学"好"的特质。用这个分别来看麦金太尔的思想，规则的道德是满足维持人类社会存在不可或缺的最低条件，德性的道德则是高尚人格拥有的性质。

的确，在道德—伦理生活中有两种不同的东西，一种道德致力于建立基本的共同规则，这些规则所牵涉的是"对"和"错"的问题。做了不合这些基本的规则的行为，即犯了道德错误。这里的对和错，也就是应当与不应当的问题。但另有一种道德观，是致力培养人的优秀高尚的品格，合于这些品格标准的是高尚的人，但达不到这些标准，并非犯了道德错误，并不是不道德。现代的道德观只致力于建立基本的道德规则；人对自己的要求只是不违反道德规则。而古代的道德观标杆较高，它致力于美满的人生、美好的人格。不过需要指出的是，古代的这种道德观不一定以德性伦理为唯一表达方式，石元康指出古典式道德观的特点是："道德问题并非仅限制于人与人之间有利益冲突时才发生，道德的功能是告诉我们怎样的人生才是一个美满的人生，道德实践是追寻美满人生的一种不间断的活动，而道德实践所依赖以及所成就的，就是各种德性。"（石元康，《二种道德观》，《从中国文化到现代性：典范转移》，台湾东大图书公司，1998年，第113页）故与其说追寻美满人生，不如说追寻成为一个美满的人。

五 政 论

1. 政德

孔子思想中一个重要的方面是政治思想，这也是早期儒家论域的一个有特色的重点。因为正是孔子和他的门人弟子的政治思想成为"儒学"在早期发展中与其他思想流派相区别的主要根据。

儒家的政治思想一方面承继周公以来以《尚书》代表的崇德保民的政治偏好；另一方面又是对应当时礼乐文化、政治秩序的解体，从礼文化中转出，即从春秋礼乐文化的变迁中接转下来。我们可以把周代以来的"礼"，除去制度方面的意义，而突出其三个部分，或三种意义，即礼乐——文化，礼义——道德，礼政——政治。这就是说，在春秋时代，礼的讨论往往分别指向三个方向，有时讨论的是文化问题，有时讨论的是道德问题，有时讨论的是政治问题。而从春秋早期到后期，可以看到有关"礼"的讨论，其重点从礼乐转变为礼政，从礼乐文化模式转变到政治秩序及其制度原则的建立。

（1）孔子很重视统治者的政治德行。我们在前面对"礼"作为政治统治的手段，对"君子"作为统治者的德行体现均未及讨论，在这里可一并提出。孔子对统治秩序中"命令—服从"关系有自己的理解，或曰设定了一种伦理。马克斯·韦伯在有关"统治的类型"的分析中指出，统治就是"命令—服从"关系得以实现，而因服从是建立在不同的动机之上，所以可根据服从动机的不同区分统治的类型，亦即合法性的类型。他特别指出："行政管理班子对统治者的服从，可能纯粹出于习俗，或者纯粹由于情绪，或者受到物质利害关系的影响，或者受到思想动机（价值合于理性）的约束，这类动机在很大程度上决定着统治的类型。"

行政管理班子在中国即称为"臣"，统治者称为"君"。韦伯指出，纯粹的习俗动机、利害动机、情绪动机、价值合理性动机都不可能成为一个统治的可靠基础，这些因素之外还要加上"对合法性的信仰"。虽然任何统治都企图唤起和维持对它自己的"合法性的信仰"，"但是根据所要求的合法性种类的不同和服从的类型，为保证服从而确定的行政管理班子的类型，以及实施统治的特点，也是根本不同的"（《经济与社会》上册，商务印书馆，1998年，第238—239页）。孔子对统治关系的伦理规范给出了自己的界定，并建立其类型，《论语》中说：

> 定公问："君使臣，臣事君，如之何？"孔子对曰："君使臣以礼，臣事君以忠。"（《八佾》）

"君使臣，臣事君"就是简单的"命令—服从"关系。但孔子认为，在实际的命令者与服从者之间是需要有道德规范来调节的。君是命令者，但他行使命令必须合乎"礼"，且有礼敬的态度；臣是服从者，但他的服从应当有"忠"的德行。忠亦含敬，故云"事君敬其事"（《卫灵公》）。因此，规范是对双方的，这里不是强调单向的命令—服从关系，而是强调在既已存在的命令—服从关系中建立起规范和道德。

孔子还指出，不仅臣事君以忠，还要事君以道：

> 所谓大臣者，以道事君，不可则止。（《先进》）

这是说臣面对君命的动机是"以道事君",不是无条件服从君命,而是依循着道德原则服从君命,故"不可则止","弑父与君,亦不从也。"不可即不合道者,弑父与弑君就是不合道者的最显著的例子。在这种情况下,"以道事君"之臣,是"不从"君命的。孟子后来把这种立场从"大臣"推广到"士"。

> 齐景公问政于孔子,孔子对曰:"君君臣臣,父父子子。"公曰:"善哉,信如君不君,臣不臣,父不父,子不子,虽有粟,吾得而食诸?"(《颜渊》)

朱注:"是时景公失政,而大夫陈氏厚施于国,景公又多内嬖,而不立太子,其君臣父子之间,皆失其道,故夫子告之以此。""景公善孔子之言而不能用,其后果以继嗣不定,启陈后弑君篡国之祸。"孔子本来是针对齐国之政而回答景公的"问政",可是景公只取其有利于自己的解释,完全没有理会孔子对他的批评,把规范只当作对别人的"要求",可见统治者的私心。

故孔子对君臣之道又强调臣之不可一味从君:

> 子路问事君,子曰:"勿欺也,而犯之。"(《宪问》)

勿欺即忠，犯之即犯颜谏命，故孔子又言："忠焉，能勿诲乎！"（《宪问》）

孔子反对逃世，他认为世道再衰，社会责任是士不可逃避的。所以"鸟兽不可与同群，吾非斯人之徒与而谁与？"这是儒家在衰乱之世具有悲情的承当和选择。所以，子路在隐居不仕的杖荷丈人批评孔子后所说的话，可以反映孔子的思想：

> 不仕无义。长幼之节，不可废也；君臣之义，如之何其可废之？欲洁其身，而乱大伦。君子之仕也，行其义也。道之不行，已知之矣。（《微子》）

人的社会关怀是不能摆脱的，想摆脱现实的社会关系就是摆脱自己在这个关系中的责任和义务，摆脱社会关系的结果是扰乱社会关系。君子选择"仕"，是行其义，即履行其对社会的义务，推行道义的活动；而大道之难以实现，衰乱世中的君子早有准备，并不期待。

（2）现在来看孔子有关统治者道德的论述：

> 子张问于孔子曰："何如斯可以从政矣？"子曰："尊五美，屏四恶，斯可以从政矣。"
>
> 子张曰："何谓五美？"子曰："君子惠而不费，劳而不怨，欲而不贪，泰而不骄，威而不猛。"

子张曰:"何谓惠而不费?"子曰:"因民之所利而利之,斯不亦惠而不费乎?择可劳而劳之,又谁怨?欲仁而得仁,又焉贪?君子无众寡,无小大,无敢慢,斯不亦泰而不骄乎?君子正其衣冠,尊其瞻视,俨然人望而畏之,斯不亦威而不猛乎!"

子张曰:"何谓四恶?"子曰:"不教而杀谓之虐;不戒视成谓之暴;慢令致期谓之贼;犹之与人也,出纳之吝谓之有司。"(《尧曰》)

"为政"即从政。政治管理和行政事务的要点,是"尊五美",即崇尚五种美德,这五种美德不是对一般人的德行的要求,而是对为政者、从政者的要求:一个领导者要因民之利,劳而不怨,欲仁不贪,对人一律不敢轻慢。

君子之德中的"恭宽信敏惠"[子张问仁于孔子,孔子曰:"能行五者于天下为仁矣。""请问之。"曰:"恭宽信敏惠。……"(《阳货》)]与五美相当,也是政治德行,表达不同而已。又如孔子讲"居上不宽,为礼不敬,临丧不哀,吾何以观之哉"(《八佾》),居上即领导者,领导者的德行应是宽、敬,敬亦即恭。子谓子产有君子之道四焉:其行己也恭,其事上也敬,其养民也惠,其使民也义。恭、敬、惠、义,也是领导者之德,比上面所说五美五德多一个"义",使民以义,就是使民合乎规范道义,"使民如承大祭"(《颜渊》)。这些都是公卿大夫作为领导者（使民者）和君之臣的法则。

2. 论政

> 子曰："为政以德。譬如北辰，居其所而众星共
> 之。"（《为政》）

朱注说："政之为言正也，所以正人之不正也。"如果这
个解释是对"为政"的"政"的训诂，那显然是不正确的，因
为孔子讲"为政以德"绝不能解释为"为正以德"，这是很明
显的。当然，正己而后正人之不正，这是儒家的思想。

我想朱子不可能不理解"为政"并不能解释为"为正"，
他的难处是如何解释"为政以德"。"为政以德"是说施行德
政，为政者要立德，还是说政治之要务在改变民之德？朱注的
意思似认为"为政以德"就是为政者要自己立德，这种理解在
孔子思想中是可以找到根据的，如：

> 季康子问政于孔子。孔子对曰："政者正也。子帅以
> 正，孰敢不正？"（《颜渊》）

"正"是一个含义丰富的概念，它不仅是指按照"正确"
的标准原则改正那些不正确的现实，也有修身的意涵，即从自

己的身体言行上体现出正确的秩序、正而不偏的角色之德。如果一个为政的领导者，坚持以"正"为原则，以身作则，正身正行，做自己名分应该做的事，则被领导者、被统治者必然服从这种要求。

这里说的"孰敢不正"，与前面一段"譬如北辰，居其所而众星共之"，所表达的情态好像不同。"孰敢不正"表现出政治秩序的严肃性、强制性，而"众星共之"则似乎是被领导者对为政者正德的自发呼应和感化兴起。的确，"政者正也"包含了两方面的意义，"帅以正"是为政者自己正德；"孰敢不正"则说明"正"包含了"正名"的政治实践，即建立和恢复正常的政治秩序，也即正常的政治—伦理（君君臣臣、父父子子）关系。

同时，儒家在推行正名的政治实践之外，很注重领导者自己的正德，也更注重由领导者正德正身而自发带来的社会—道德后果：

> 子曰："其身正，不令而行。其身不正，虽令不从。"（《子路》）
>
> 子曰："苟正其身矣，于从政乎何有？不能正其身，如正人何？"（《子路》）

"其身正，不令而行"，就和"居其所而众星共之"接近了，表明领导者以德修身会自然带来好的政治后果，臣民百姓都会不令而行，即不用强制而自发正德正行。

对"正"而言，在"正名"之外的这个"正身"之正的必要，不仅在于积极的表率作用，而且在于统治者若不能正德正身，"虽令不从"，"如正人何"，即无法要求臣民遵行秩序，正己尽分，领导者的政令亦很难推行，所以"正"的意义很重要。

回到"譬如北辰"这一句话。朱注及所引程、范之解，都引入了"无为"的观念。"程子曰：为政以德，然后无为"，"范氏曰：为政之德，则不动而化，不言而信，无为而成。"这应当是从孔子有一处讲到"无为"与"正"的关系而来的：

> 子曰："无为而治者其舜也与？夫何为哉？恭己正南
> 面而已矣。"（《卫灵公》）

看来朱注等都是把"恭己正南面"理解为正身，其身正不令而行，故无为而得治。但总的来说，孔子在这里只是颂扬舜时代之政治，并不真正能代表他在春秋末期的政治主张。如果以"正身"而排斥"正名"（正名即非无为），是不合孔子思想的，孔子自己的思想还是正身与正名相结合。

现在要提出另一个问题，"为政以德"的"德"字怎么讲，上面说的"正"的问题能包含这里"德"的所有问题吗？

是否包含以道德教化作为为政手段的意义？是否包括对民行德政的意义？换言之，和下面这句话的意义有无关联：

　　子曰："道之以政，齐之以刑，民免而无耻。道之以德，齐之以礼，有耻且格。"（《为政》）

　　朱注解释"道之以德"为"言躬行以率之，则民固有所观感而兴起矣"。这仍是用道德表率来解释，其实这里的"德"应为"道德教化"。教化的意涵更广，除了领导者自身的道德表率外，还有对人民的道德教化，所以这里"道之以德"是与"道之以政"相对的。"政"即"政令"，即一社会得以有序和谐所应诉诸的政治手段，在儒家是"教化"，在其他家则为强制性的"法令"。孔子对季康子说："子为政，焉用杀？子欲善而民善矣。君子之德风，小人之德草。草上之风，必偃。"（《颜渊》）

　　"道之以德，齐之以礼"是与"道之以政，齐之以刑"相对立的。齐表示规范，儒家不是不要规范，但不赞成强制性的规范。社会的规范有序，应用"礼"这种诉诸礼仪礼节礼俗的方式来达到。德礼与政刑相对，表示儒家反对完全以刑罚法令来统治社会。儒家所要求的是通过德的教化使道德深入人心，通过礼使规范乐于、习于被遵守。人民有道德才有羞耻心，羞耻心是行为不越出社会规范之外的内在保障，一个没有羞耻心的社会不可能真正稳定。即使在法令刑罚下服从，缺乏羞耻心的社会远不是理想的社会。朱注说："德礼则所以出治之本，而德又礼之本也，……德礼之效，则有以使民日迁善而不自知。"孔子虽未以德礼为本、刑政为末，但其政治思想是明确的德治主义、德教主义，这也是儒家之所以为儒家的根本点。

在"道之以德"中有德治、德教的意义，那有没有德政的意义呢？看来仅这一句话还未显示出德政的意义来。《尚书·盘庚》已有"施实德于民"，德政就是要照顾人民，解缓人民的困苦。德政与暴政相对，暴政不仅以法令刑罚维持统治，而且加重人民的经济负担，重不可堪。在《论语》中，有关德政的思想可见于以下几条：

子曰："道千乘之国，敬事而信，节用而爱人，使民以时。"（《学而》）

千乘之国的领导者，对人民要讲求"信"，要爱民，对民的使用要"节"和"时"。"节"是指对加给人民的赋役要节制；"时"旧注以为是农时，其实这里也有节制之意，指不可滥用民力，有行有止，有用有休。

在孔子论及子产"有君子之道四焉"中，第三是"其养民也惠"，发挥了"爱人"说。"养民也惠"就是以惠爱之心使人民都得其养，亦即给予人民较好的生活保障环境，"因民之所利而利之，斯不亦惠而不费乎？"。（《尧曰》）孔子更认为，如果领导者能作则，又能"博施于民而能济众"，则不仅做到了"仁"，而且达到了"圣"，也就是说广博地将好处施授给人民，使众民得到帮助，这样的领导者才是仁君圣王。这里的仁、圣是专就某一特殊社会角色而言的。所以"仁"对不同的社会角色表现为不同的要求，这也可以说是一种理一分殊吧。

如果注意《论语》中的讲法，可以看到这样一个现象，即有关"使民"的问题是一个很突出的话题，也许这是由于与孔子对话者多为国君或执政的卿大夫，如：

> 使民以时。（《学而》）
> 使民敬忠以劝。（《为政》）
> 其使民也义。（《公冶长》）
> 使民如承大祭。（《颜渊》）
> 上好礼，则民易使也。（《宪问》）

相近的还有"劳民""临民"等，如孔子主张"临民以庄"（《为政》），"居敬行简以临民"（《雍也》），"信而后劳其民"（《子张》），劳民即用民。上面这五条中，除了最后一条，都是讲领导者"使民"的规范。国君卿大夫都可以行政令而使用人民，使民在古代主要是从事战争，从事劳役。《论语》中提出统治者使民要有规范，要"以时"，要

"敬"，要"以义"，这就把统治者、居上者的德行要求，在使民之事上更突出出来。

以上是讨论怎样去"使民"，而最后一句则讨论的是怎样才能让民得以使，易于使。二者虽然都可说是"使民之方"，但着眼点不同，说话的策略不同。再举出《论语》中有关数例如下：

　　举直错诸枉，则民服。（《为政》）
　　举善而教不能，则（民）劝。（《为政》）
　　临之以庄，则（民）敬。（《为政》）〔不庄以莅之，则民不敬。（《卫灵公》）〕
　　上好礼，则民莫敢不敬。（《子路》）
　　上好义，则民莫敢不服。（《子路》）
　　上好礼，则民易使也。（《宪问》）

最后，简单总结一下孔子的政治思想。他的主张是以德为本，重视礼治，强调正己，教化爱民。他的理想政治秩序是天下有道，礼乐征伐自天子出。他仍然主张以礼来实现社会的规范和有序，这些都是西周春秋典范下的思想。同时，他要求统治者要正身以做道德表率，要以道德教化和道德表率管理社会使用人民，反对用刑杀进行统治，这些就是孔子对西周、春秋的发展了，也是后来儒家所特别强调的。

最后，当季氏掌鲁政，要伐颛臾扩大自己的地盘时，做季氏宰的冉有、子路见孔子，孔子批评说：

> 丘也闻有国有家者，不患寡而患不均，不患贫而患不
> 安。盖均无贫，和无寡，安无倾。夫如是，故远人不服，
> 则修文德以来之。（《季氏》）

这一段话是孔子反对季氏伐颛臾而发，意思是掌国家之政者，不要去对外征伐、征服其他国与家，而是把自己国与家的事情办好。自己国家贫穷、人口少都没关系，均之则无贫，和之则无寡，安之则无倾，为贫寡而去伐征是不对的，这是孔子对内政外交的基本看法。"患"即指内政的根本问题。

孔子这里虽因劝季氏不要因为贫、寡而兴征伐远人之举，但表达了孔子对改善内政的基本看法：人口少不怕，怕的是财富不均；国家贫不怕，怕的是国家不安定，所以财富的平均和国家的安定是最为优先的价值。

均不是平均之义，是注重财富平均的一种正义观。孟子时梁惠王曾说："察邻国之政，无如寡人之用心者，邻国之民不加少，寡人之民不加多，何也？"（《梁惠王上》），可见当时为国者皆希求民多土广，孔子所说不患寡即指此而言。从前人多以为此处有误，应为"不患贫而患不均，不患寡而患不安"，其实就突出均、安来说是一样的，唯主词为国家或人则有不同。

六　天　论

这一部分我们来讨论一下孔子思想中较富哲学性的课题。

"天"在西周本来是代替殷人"帝"的最高概念，"天""天命"是《尚书》中最重要的概念、最终的实体、最高的主宰。我们曾指出，《尚书》中所记述的商以前的天帝信仰，不是突出其作为自然的主宰，而突出的是作为人世历史及命运的主宰。周人仍然继承了对"天"的信仰，但《周书》中的天与天命已经有了确定的道德内涵，而以敬德作为其主要特征。

随着春秋时代思想的发展，"天"的神性渐趋淡化，"神"的地位渐渐减低，而人与民的地位相对上升，打下了春秋人文思潮的基础。这种变化影响了"天"与"天命"思想的发展，大体上说，天虽然仍是最高主宰，但其人格性愈来愈淡化；天命不仅是天的命令、天之意志，命运的观念在"天命"的形式下也不断发展。古代人文主义文化永远不可能摆脱命运的观念，即使在古希腊神话时代，命运也仍然是最高的观念。同时，天虽然含有超越之神格意义，又同时代表一种无所不在的自然存在和覆盖万物的宇宙秩序。天既是我们头上广大无垠的自然实体，又是我们不可掌握的最高的主宰力量。

春秋后期人的道德自觉大大提高，不再重视对天顶礼膜拜或祭祀，而是集中在自己的道德行为上。但是，一个重视传统文化的人如孔子，不可能真正完全放弃上古的重要宗教性观念，所以孔子仍然信天、畏命、敬神，只是这三者对他来说，色彩淡而不突出。

郝大维和安乐哲曾提出，孔子思想中不存在任何超越原则，而具有一种强烈的内在论。他们所指的是在孔子哲学中，没有一个原则外在地决定宇宙；而所谓内在论是指法律、规则、原则、规范依赖于社会环境或自然环境。另一方面他们认为，孔子哲学是事件本体论，不是实体本体论，孔子更关心的是特定环境中人的活动，而非"本质""特性"。但是内在论或事件本体论的提法，也会带来一种困难，即对孔子所继承的商周以来的宗教思想的遗存无法了解。

在不确定神圣的他者（Holy other）的前提下保有神圣的感情（Holy feeling），这是孔子的特点。孔子在认知上是否绝对或充分肯定有一神圣的实体是一回事；孔子无疑问地保留了一种神圣的情感，这是另一回事。

奥托曾提出，人对神圣的他者的神秘情感，一方面是"畏惧"，一方面是"神往"。他认为"神圣"是一块以非理性的神秘感为纬线，以理性与伦理为经线织就的东西。孔子思想也有着这两种特征，一方面对天与天命有敬畏感；另一方面又有神往感，向往了解天命。因此，如果只把孔子和早期儒家讲成哲学的事件本体论，认为儒家只讲理性和伦理，那就可能会失掉对早期儒家很重要的一些东西的理解。表面上看，天是四时行百物生的自然实体和过程，但在孔子内心深处，是把天作为一个历史、社会的主宰和命运的安排者。首先，天是一个能安排人之命运的主宰，人必须对天命有敬畏之心。因此，即使像孔子这样的人，也会有"天丧予""获罪于天"的情感，说明天的权能和意旨不是人所能彻底把握的，即使道德上的正确也不足以做到这点，所以仍要畏天命：

> 颜渊死。子曰："噫！天丧予！天丧予！"（《先进》）
>
> 夫子矢之曰："予所否者，天厌之！天厌之！"（《雍也》）
>
> 获罪于天，无所祷也。（《八佾》）
>
> 君子有三畏，畏天命……（《季氏》）

另一方面，孔子又有对天生其德的自信：

> 天生德于予，桓魋其如予何？（《述而》）
>
> 知我者，其天乎？（《宪问》）
>
> 文王既没，文不在兹乎！天之将丧斯文也，后死者不得与于斯文也；天之未丧斯文也，匡人其如予何？（《子罕》）

他相信"天生德于予"，相信"天之未丧斯文"，相信天命赋予他发扬光大"斯文"的能力和使命，保障他完成这一使命，他甚至相信天是真正了解他的。同时他也认为他在五十岁时就已"知天命"（《为政》）。这些都体现了孔子的内心所具有的一种宗教感，对命运的敬畏，对主宰者的肯定。

在春秋以降对"神"的观念的不断冲击之下，孔子顺承着春秋人文主义思潮，没有强烈的神祇信仰，但在礼乐文化的支配下坚持祭祀的实践和活动。

祭如在，祭神如神在。（《八佾》）

子疾病，子路请祷。子曰："有诸？"子路对曰："有之"……子曰："丘之祷久矣。"（《述而》）

从孔子问"有诸"来看，他对祷告"上下神祇"去病这件事是怀疑的。他自己说他也祈祷过很久，但并无明显效果，所以有一次子路问关于事鬼神的事，他说："未能事人，焉能事鬼？"

这也表现在他的政治思想中：

务民之义，敬鬼神而远之，可谓知矣。（《雍也》）

很明显，他认为沉溺于鬼神信仰和祭祀是不明智的，但管理民众仍须敬鬼神，只是需"远之"。

所以孔子对鬼神的态度是，不否认其存在，亦不强烈肯定鬼神的不存在，"敬而远之"。

至于命，孔子说（自己）五十而知天命，又说"不知命，无以为君子也"（《尧曰》），因为君子有三畏，其中之一是"畏天命"，不知不畏，何以为君子。孔子又说："道之将行也与，命也；道之将废也与，命也。"（《宪问》）

第二章 《学》《庸》

一 修身论

关于《大学》一书，朱子说它是"孔子取先王学校之法，诵而传之，三千之徒皆闻其说，而曾氏之传独得其宗，作为传义以发其意，孟子没而其传泯焉"。这都是因为《大学》与《礼记》的其他篇章一样，有"子曰"，又有"曾子曰"，而推论之。这还说明孔子并非《大学》作者，只是诵而传之先王之法；在全文结构上，朱子以经一章为孔子之言，曾子述之，传十章为曾子之意而门人记之。

我们姑且同意《大学》为曾氏之儒的作品，那么从先秦儒学发展来看，其中有哪些思想值得重视和注意呢？

1. 修身之方

《大学》提出："欲修其身者，先正其心；欲正其心者，先诚其意；欲诚其意者，先致其知；（欲致其知者），致知在格物。"

可见，正心、诚意、致知、格物，都是《大学》提出的修身的具体条目，不仅如此，《大学》还提出了"自谦""慎其独"。《大学》解释"诚意"说：

> 所谓诚其意者，毋自欺也，如恶恶臭，如好好色，此之谓自谦。

即人如使意达到"诚"的境地，好善就会如好好色，恶恶就会如恶恶臭。又说：

> 故君子必慎其独也。小人闲居为不善，无所不至，见君子而后厌然，掩其不善，而著其善。人之视己，如见其肺肝然，则何益矣？此谓诚于中，形于外，故君子必慎其独也。

闲居即独处而人不见，这时的人是最真实的存在状态，内心有何不善必然被发现，君子就要在这时用功。因此，这不仅强调人在独处时也要自我约束，更要证明独处时人最能显示出自己的不善处。其实一个人独不独处都最了解自己，不待独处而知也。

2. 修身为本

《大学》是把修身放在一个"政治—社会"实践的结构链中来考察：

物有本末，事有终始，知所先后，则近道矣。古之欲明明德于天下者，先治其国；欲治其国者，先齐其家；欲齐其家者，先修其身；欲修其身者，先正其心；欲正其心者，先诚其意；欲诚其意者，先致其知；致知在格物。

物格而后知至；知至而后意诚；意诚而后心正；心正而后身修；身修而后家齐；家齐而后国治；国治而后天下平。

自天子以至于庶人，壹是皆以修身为本。其本乱而末治者，否矣。

前面说"明明德于天下"，后来却说"天下平"，为何前不说古人欲平天下者？似以平天下和明明德于天下是等同的。

本是先，末是后。知所先后，就是要知道治国平天下先要修身，辨明本末就是一切要以修身为本。这里的末不是不重要，而是有实践上的因果分别，这就在逻辑上和实践程序上把修身规定为齐家、治国、平天下的前提和基础。

《大学》特别强调，这个讲法不是只针对统治者和担任公职者或知识人，而是从王公到庶人，"壹是皆以修身为本"，都是如此，正本才能治末。

虽然孔子有正己而人正的思想，认为领导者道德的表率会自然导致社会的道德仿效，但《大学》的八条目不同，照其所说，修身不只是指领导者的道德表率而言，而是每个人的义务，并把正己—人正的道德传导效应推展为一个传接链，另一方面又变成心—身—家—国（社会）—天下（自然）的感应链。《大学》这种不讲对民众的教化，而提倡普遍修身的说法，把古代君子的道德修养推广到一切庶人，并认定这个感应链的原始起点是个人修身。

《大学》又把这种道德感应现象称为"机"：

> 一家仁，一国兴仁；一家让，一国兴让；一人贪戾，一国作乱。其机如此。此谓一言偾事，一人定国。尧、舜帅天下以仁，而民从之；桀、纣帅天下以暴，而民从之。

朱注："一人，谓君也；机，发动所由也。"这无异是说，一个人在道德上端正仁义，一家一国都会在道德上端正仁义；一个人若贪戾无道，一家一国都会争斗混乱，其感应之机有如此者。朱注说"一人"指君主，从下句用尧舜桀纣举例说明来看，朱注是对的，但君主是广义的封君，就是说《大学》讲的家本不是后人理解的家庭，而是春秋战国卿大夫之家，是一个封建单位，从而"一人"是家、国之长，而非任一个别庶人。所以，其道德感应仍然是指统治者—被统治者而言，指的是一个从上到下的道德感化效应。故《大学》接下来说：

> 所谓平天下在治其国者：上老老而民兴孝；上长长而民兴弟；上恤孤而民不倍。

未有上好仁，而下不好义者也。

"所谓治国必先齐其家者，其家不可教，而能教人者，无之。"故"其国""其家""其身"的这个"其"都是指治国者而言，从而，身修而后家齐国治天下平，都不是指任何别人，而是指那一治国者，因此一般人的内圣不必然导致外王，而是王的内圣才可导致天下平。

但《大学》所说也不是只对一个国君，而是对一切有地位有权力有影响的管理者而言，也包括那些准备进入权力阶层的后备者，他们必须从小修身，以便掌握权力时不会出问题，所以说自天子以至庶人皆是修身为本，这里的庶人其实不是指农商工者，而是指王公大夫士的子弟入大学者。

治国和平天下有什么分别，前者是不是指鲁国、晋国、郑国等各诸侯国，而后者涵括整个周王朝统辖的范围？从《大学》的铺陈"上老老而民兴孝，上长长而民兴弟"来看，天下主要指社会、人民，治国的国主要指宫廷、政治结构、公族。

3. 政治社会思想

（1）无讼社会。《大学》引子曰："听讼，吾犹人也，必也使无讼乎？"

这表明孔子和儒家的理想还不是公平地听讼，而是使社会成为一个没有法律诉讼，或不以法律诉讼解决社会矛盾的社会。礼制社会是其理想。

（2）民之父母。《大学》在关于平天下的传文部分说：

> 《诗》云："乐只君子，民之父母。"民之所好，好
> 之；民之所恶，恶之。此之谓民之父母。

这与孟子思想完全一致，即各级统治者都要以民之父母为责任。所谓民之父母不是管制、支配人民，而是兴民之好，除民之恶，与民同好恶。

（3）德本财末，以义为利。统治者应重德轻财：

> 是故君子先慎乎德。有德此有人，有人此有土，有土
> 此有财，有财此有用。德者，本也；财者，末也。……是
> 故财聚则民散，财散则民聚。

土指国土、国家。如果统治者以聚敛财富为优先，则人民就会散亡；如果统治者把财富分散给人民，人民就会聚集于君主之下。故又云："仁者以财发身，不仁者以身发财。""以财发身"就是用财富来换取身心，"以身发财"就是牺牲身心来发财。所以，一个当国者、当政者必须处理好义与利的关系。"国不以利为利，以义为利也。"一个当国者要把追求"义"看作根本大利，而不能把追求"利"当作根本利益。春

秋时代已经提出"为国者，利国之谓仁"（《国语》）。

4. 伦理原则

《大学》的一个贡献是把忠恕之道发展为"絜矩"之道。

> 是以君子有絜矩之道也。所恶于上，毋以使下；所恶
> 于下，毋以事上；所恶于前，毋以先后；所恶于后，毋以
> 从前；所恶于右，毋以交于左；所恶于左，毋以交于右：
> 此之谓絜矩之道。（"释治国平天下"传）

> 是故君子有诸己，而后求诸人。无诸己，而后非诸
> 人。所藏乎身不恕，而能喻诸人者，未之有也。（"释齐
> 家治国"传）

朱注："有善于己，然后可以责人之善；无恶于己，然后
可以正人之恶。皆推己以及人，所谓恕也。"此注甚好。自己做
到了某善，才可以要求别人也做到此善；自己没有这个毛病，才
可以批评别人这个毛病，这就是恕道的表现。这是把"责己"加
进了"恕"之中，把修身原则加进去了，很值得注意。

这里进一步阐发了"己所不欲，勿施于人"的精神：你不
喜欢上级怎样对你，你也不要这样对你的下级；你不喜欢下级
这样对你，你也不要这样对你的上级，以此类推，在一切人际
关系中采取絜矩之道。絜，度也，矩，方之理也。把自己所不

欲、所恶的东西作为衡量的标尺，这也意味着肯定人有同恶。

5.心说

《大学》的正心说与孔子"正"意不同：

> 身有所忿懥，则不得其正；有所恐惧，则不得其正；有
> 所好乐，则不得其正；有所忧患，则不得其正。心不在焉，
> 视而不见，听而不闻，食而不知其味。此谓修身在正其心。

这是两种内心状态，一个是心的"有所"，一个是心的"不在"，用孟子的话说，后者是忘，前者是助。四"有所"是指意识过度执着引起了情感的不平衡发作，是情感—心理的平静和谐的障碍，是妨碍心境的有害情感。"不在"则是指意识的某种遗忘状态。

二 诚明论

《中庸》原为《礼记》中一篇，汉人谓子思所作，宋以后与《论》《孟》《大学》合编为"四书"。《中庸》共三十三章，朱子把这三十三章分成两大部分，前十九章是大量引孔子的"子曰"，集中于"中庸"之德的讨论。二十章至三十三章则集中在"诚"的哲学，朱熹认为二十章以后是子思的思想，二十章以前

则是子思引述阐明孔子思想。这个区分，在内容上是有根据的。

我们先来看第一部分"德论"。

1. 德性

《中庸》第二至十章皆为"子曰"，这些"子曰"都可以看作围绕中庸之德或与中庸之德有关的论述。《论语》说"中庸之为至德"，《中庸》前十章引"子曰"，论述中涉及中庸的有"君子中庸，小人反中庸""道之不行也，知者过之，愚者不及也""舜其大知也与，……执其两端，用其中""择乎中庸""君子和而不流，中立而不倚"。从这些说法来看，孔子的中庸是指中道，即不过不及，不偏不倚，两端用中。中道论是古代哲学的智慧，古希腊亚里士多德说：

> 事物有过度、不及和中间。德性的本性就是恰得中间，德性作为相对于我们的中间性、中道，是一种决定着对行为和情感的选择的品质，受到理性的规定。（《尼各马科伦理学》，苗力田译，中国社会科学出版社，1992年，第32页）

亚氏所谓"德性就是中道，就是对中间的命中"（《尼各马科伦理学》，第33页），即掌握两端之中。

《中庸》的这些"子曰"，确实发展了《论语》中孔子所说的中庸，使之成为一根本的德性。

2. 原则

与《大学》一样，《中庸》也阐发了"忠恕之道"这一伦理学上的金律：

> 忠恕违道不远，施诸己而不愿，亦勿施于人。君子之道四，丘未能一焉：所求乎子以事父，未能也；所求乎臣以事君，未能也；所求乎弟以事兄，未能也；所求乎朋友，先施之，未能也。

这里明确地把"施诸己而不愿，亦勿施于人"（即己所不欲，勿施于人）作为忠恕的原则。下面讲的四个所求未能，"所求"是"己之所以责人者"，是说作为君子之道的四种对别人的要求，如孝悌忠信，我自己尚未能做到；我未能做到的，就要加强自修，而且不应先求于人。《中庸》与《大学》一样，把"恕"从基本伦理法则，发展到包括了基本修身原则，使修身论比起德性论、原则论更为突出。

这也就是《大学》说的"君子有诸己，而后求诸人；无诸己，而后非诸人"的诚身之恕。下面又说：

> 在上位，不陵下；在下位，不援上。正己而不求于

人，则无怨。上不怨天，下不尤人。故君子居易以俟命，小人行险以徼幸。子曰：射有似乎君子，失诸正鹄，反求诸其身。

其实这里的话语气未足：在上位不陵下，因为自己恶上位陵于下；在下位不援于上，是因为自己恶下位援于上。此即大学"絜矩之道"所说"所恶于上，毋以使下；所恶于下，毋以事上"者也。

最后引"子曰"，与《孟子·公孙丑上》中讲的一致：

仁者如射，射者正己而后发，发而不中，不怨胜己者，反求诸己而已矣。

又可见《礼记·射义》：

射者仁之道也，射求正诸己，己正而后发，发而不中，则不怨胜己者，反求诸己而已矣。

己所不欲，勿施于人，本来是一个待人原则，不是一个待己原则，是说坏的不好的东西，我不喜欢的，也不要加给别人。《大学》《中庸》发展出一个新原则，就是好的东西，仁义忠信，我做不到的时候，也不要要求别人。这就包含了另一面，即自己做不到的，就要求自己做到，先反省自己是否做不到，然后要求自己去做到，这就是"恕人"加"反己"，即责己、正己。《大学》《中庸》显然把正己而后正人的原则也容纳在忠恕之道里面了。由于增加了修身原则，于是恕不仅是待人的原则，也是修己的原则了。

3. 修身之方

与《大学》一样，《中庸》也提出"慎独"。

> 道也者，不可须臾离也，可离非道也。是故君子戒慎乎其所不睹，恐惧乎其所不闻。莫见乎隐，莫显乎微。故君子慎其独也。

照《大学》的讲法，慎独是指当别人看不到你的行为和言说、自己独处时更要慎戒其心，因为此时一切外在约束都无，自我充分表现。但照《中庸》的朱子解释，慎独好像意味着自己在静时无所睹闻，亦须戒慎恐惧，不要使人欲干扰内心，所以《中庸》对慎独有进一步的指点，即"戒慎于不睹，恐惧于不闻"。其实，从"莫见乎隐，莫显乎微"的说法看，不睹不闻还是应指外人看不到、听不到你自己的行为言论。在第二部分的三十三章中也有一段："君子之所不可及者，其唯人之所不见乎？诗云：相在尔室，尚不愧于屋漏。"这也证明君子的修身特别强调在人所不见不闻时仍能修持。

此外，《中庸》（三十三章）还指出"君子内省不疚，无恶于志"，"无恶于志"即无愧于心。

4. 从治人到治国

《中庸》里有这样一段话：

> 为政在人，取人以身，修身以道，修道以仁。仁者，人也，亲亲为大；义者，宜也，尊贤为大。……君子不可以不修身；思修身，不可以不事亲；思事亲，不可以不知人；思知人，不可以不知天。

这里所说的"不可以不"是指修身之后不可以不事亲，还是指欲修身必先事亲，抑或是同时必须完成呢？看来，按修身为本的思想，应是先后关系，知人而后知天。下文接着说道：

> 天下之达道五，所以行之者三，曰：君臣也，父子也，夫妇也，昆弟也，朋友之交也，五者天下之达道也。知仁勇三者，天下之达德也，所以行之者一也。

另一段讲道：

知所以修身，则知所以治人；知所以治人，则知所以治天下国家矣。

与《大学》那种修身而自然国治家齐的想法不同（虽有类似之处），这里是说知晓如何修身，才能知晓如何治人；知晓如何治人，才能知晓如何治天下国家。下面说到治天下国家有九经，这都应当是从知所以修身而发展出来的。《中庸》显然比《大学》现实得多，《中庸》并不认为修身自然可以治国，修身是治国的基础，但治国有许多具体的举措、政策，这就是九经。

因此，比起《大学》，《中庸》显然认为单纯修身是不够的，修身并不能代替事亲的实践、知人善任的明达，更不能代替"知天"。所以天下达道五，即五种极重要的伦理—社会关系，人必须在这些伦理—社会关系的实践中逐一做好，才是善。而要完成这些客观的实践，要有主观的德性为素质，这就是知、仁、勇。培养知、仁、勇就是修身，而修身的主观方面还必须用于具体的社会实践。

于是《中庸》不厌其烦地把治天下国家的九种基本方法提出来，这已经是指君人者而言了：

或生而知之，或学而知之，或困而知之，及其知之，一也。

或安而行之，或利而行之，或勉强而行之，及其成功，一也。

子曰：好学近乎知，力行近乎仁，知耻近乎勇。知斯三者，则知所以修身；知所以修身，则知所以治人；知所以治人，则知所以治天下国家矣。凡为天下国家有九经。

九经即"修身也，尊贤也，亲亲也，敬大臣也，体群臣也，子庶民也，来百工也，柔远人也，怀诸侯也"。君王应具有的治国方法，除修身作为起点外，还需要八种举措才能完成"治国平天下"。

5. 诚论

现在来看第二部分。

从第二十章后半部（"在下位不获乎上"……）开始到三十三章结束，《中庸》进入了完全不同的另一个主题。"在下位不获乎上，民不可得而治矣"至"诚者，天之道也；诚之者，人之道也"，这一段亦见于《孟子》的《离娄上》，但《孟子》中是"思诚者，人之道"，而非"诚之者，人之道"，孟子在"思诚者，人之道"后面还有一句"至诚而不动者，未之有也；不诚，未有能动者也"。此一句在《中庸》中没有。而《中庸》在"诚之者，人之道也"后面另有一大段："诚者，不勉而中，不思而得，从容中道，圣人也；诚之者，择善而固执之者也。"孟子的文句更简洁，如《中庸》作"不信于朋友"，

《孟子》作"不信于友";《中庸》作"反诸身不诚",《孟子》作"反身不诚"。《孟子》似引《中庸》而略文饰之。

《中庸》的第二部分与"诚"有关,以诚为中心讲君子之道、天地之道、圣人之道。

在第二十章中有一句"思知人,不可以不知天",但下文完全没有解释什么是知天,为何要知天。有关"天"的问题在第二十章以前有两处,夹杂在"子曰"论中庸里面,一处是第一章"天命之谓性",一处是第十二章"天地之大也,……察乎天地"。关于诚,在第二十章前也有一处夹杂在"子曰"论中庸里,即第十六章"夫微之显,诚之不可掩如此夫",讲祭祀之孝的诚可以格祖先神灵。

《中庸》这一部分的基本结构是"天—人"的分合,先看以下几段:

> 天命之谓性,率性之谓道,修道之谓教。道也者,不可须臾离也,可离非道也。
>
> 诚者,天之道也;诚之者,人之道也。诚者,不勉而中,不思而得,从容中道,圣人也;诚之者,择善而固执之者也。博学之,审问之,慎思之,明辨之,笃行之。
>
> 自诚明,谓之性;自明诚,谓之教。

"天命之谓性""诚者天之道也""自诚明谓之性"都

是属"天"之事。所谓天之道，即天生自然，非假人为，故天之道是不勉而中，不思而得，天生如此，故谓天命之谓性，即从天然中道而发的是性。"自诚明谓之性"可以帮助我们了解"天命之谓性"并无超越意，即指天生而有者。与此对照，"修道之谓教""自明诚谓之教""诚之者人之道也"都是属"人"之事，人道即人为的努力。所以从天生的诚到明（自诚明）是属天之事，而从明努力达到诚（自明诚）是属人之事。修道之教属于自明而诚，所以是属于"诚之"的"人"道。《中庸》以性教相对，性属天，教属人。荀子亦将天人相对，但其人非指修身，多指治道。所以这部分的基本结构是：

天—性—诚—圣—自诚而明；

人—教—诚之—君子—自明而诚。

天—人在这里即自然—人为，即自然天赋—人为努力。

因此，《中庸》还是要人从"明"达"诚"，注重各种人为的修养努力。"反诸身不诚，不顺乎亲矣；诚身有道，不明乎善，不诚乎身矣。"《中庸》把"明善"作为工夫和实践最根本的基点，这个"明乎善"不只是智力知识的"明"，更是"诚之"工夫的代表。什么是"诚之"的具体内容呢？

> 博学之，审问之，慎思之，明辨之，笃行之。有弗学，学之，弗能弗措也；有弗问，问之，弗知弗措也；有弗思，思之，弗得弗措也；有弗辨，辨之，弗明弗措也；有弗

行，行之，弗笃弗措也。人一能之，己百之；人十能之，己千之。果能此道矣，虽愚必明，虽柔必强。

这都是针对那些不是生而知为圣人的人。《中庸》虽然说有三知三行："或生而知之，或学而知之，或困而知之，及其知之，一也；或安而行之，或利而行之，或勉强而行之，及其成功，一也"，但"生知安行"不需指点，所以《中庸》指点的工夫都是对"生知"以下的人立教，它对"学、问、思、辨、行"和"人一己百"的奋力刻苦的强调，显然是很注重工夫和学行，而没有那么内向化。

《中庸》还提出了圣人之德性、气象：

唯天下至圣，为能聪明睿知，足以有临也；宽裕温柔，足以有容也；发强刚毅，足以有执也；齐庄中正，足以有敬也；文理密察，足以有别也。

朱注说前四方面的德性可归为仁、义、礼、智之德，最后的文理密察指圣人能明辨细节。

《中庸》不仅提出圣人德性，更注重"至诚"境界：

惟天下至诚，为能尽其性。能尽其性，则能尽人之性；能尽人之性，则能尽物之性；能尽物之性，则可以赞天地之化育。

　　至诚的境界能尽己之性、尽人之性、尽物之性，能赞天地之化育。"尽"在这里只能意指在充分了解的基础上充分利用、发挥，所以为"赞助"天地的化育。

　　《中庸》讲"尽性"，如"人尽其材，物尽其用"，与《孟子》讲的"充其仁心"的"尽心"不同。又说：

　　　　诚者，非自成己而已也，所以成物也。成己，仁也；成物，知也。性之德也，合外内之道也。

　　诚是合内外之道，不仅成己，而且成物。成己是道德上的完成自己，故曰仁；成物则是了解、利用外在的事物，故曰知。

　　　　故至诚无息。不息则久，久则征，征则悠远，悠远则博厚，博厚则高明。……天地之道：博也，厚也，高也，明也，悠也，久也。

　　《中庸》最后讲至诚既是天地之道，又是圣人之道。圣人之道与天地之道相似，故可相比拟。

　　　　大哉，圣人之道！洋洋乎……优优大哉！……故君子尊德性而道问学，致广大而尽精微，极高明而道中庸，温故而知新，敦厚以崇礼。

所以圣人的境界是博大而全，全而不偏。

最后再就其政治思想讲一点。

三十一章讲圣人有至德，所以"见而民莫不敬，言而民莫不信，行而民莫不说"。

三十三章结尾说："是故君子不赏而民劝，不怒而民威于铁钺……是故君子笃恭而天下平。诗云：予怀明德，不大声以色。子曰：声色之于以化民，末也。……上天之载，无声无臭。至矣。"

"笃恭而天下平"即舜恭己正南面的无为而治（孔子），是形容君子之德化民于无声无息之中的力量。只要君子有德，人民就很容易被治理，就会敬其君、信其言、悦其行，不用奖赏就会努力，君不怒而有畏惧心。这里并没有任何形上学或宇宙论的意义。

二十九章则言君子治天下，要拥有历史、鬼神的权威支持，"无征不信，不信民弗从"；"不尊不信，不信民弗从"。"尊"即有权威，要有历史的权威支持；君子治国之道，要有明确的历史根据和现实根据，而且要"质诸鬼神而无疑，百世以俟圣人而不惑"，这样君子的言行才能成为天下的法则。

第三章　郭店竹书

《郭店楚墓竹简》中，竹简各篇可能有一些内在的联系。从内容上看，《成之闻之》的主旨是以求己用民，以修身率民；《尊德义》的主旨是以礼导民，以德教民；《性自命出》的主旨是以乐化民，以情感民。可以说都是以"使民"为中心的。这里则着重对《性自命出》《成之闻之》二篇加以介绍讨论。

一　性自命出说

《性自命出》是郭店楚简中最长的一篇，此篇原无篇题，《性自命出》是《郭店楚墓竹简》的整理者所命，"性自命出"是此篇第二简上的话。古书篇名之定，一般多取第一句中的语词，此篇第一句为"凡人虽有性"，所以题名为"有性"可能更合适些。

现在让我们来讨论《性自命出》篇中的思想。先将此篇中的思想论点，略举如下，并加以简要的说明和分析：

1. 好恶为性

《性自命出》中说：

> 好恶，性也。所好所恶，物也。

这句话是说，好恶是人的本性，物是好恶的对象。感情活动的好恶属于情欲的范畴，这里的好恶是指人内在的倾向和要求。如甲见好色而好之，这是情，但甲不是今天见好色而好之，明天便见好色而恶之；甲会见一切好色皆好之。因此，甲的每一次好好色的活动，都反映或表现了甲内在的"好"，这就是性。在先秦思想中，以好恶言性是很普遍的，如《乐记》"好恶无节于内，知诱于外"，也是一种以性—物相对而说的例子。《荀子》中也是常常以好恶论情性。

2. 喜怒之气为性

《性自命出》中说：

> 喜怒哀悲之气，性也。及其见于外，则物取之也。

以气论性，在现有先秦文献中尚不多见。气在中国哲学史上的意义有几种，其中之一是指情。《性自命出》以气说性，认为性是人的喜怒哀悲之气，但作为性的喜怒哀悲之气是"内"，而不是"见于外"，见于外者应属情。此种思想在先秦可见于《大戴礼记·文王官人第七十二》：

> 民有五性，喜怒欲惧忧也。喜气内畜，虽欲隐之，阳喜必见。怒气内畜，虽欲隐之，阳怒必见。欲气内畜，虽欲隐之，阳欲必见。惧气内畜，虽欲隐之，阳惧必见。忧悲之气内畜，虽欲隐之，阳忧必见。五气诚于中，发形于外，民情不隐也。

此段文字亦见于《逸周书·官人解》（个别字有所不同，如作"民有五气"）。这是认为人有五性，五性就是喜、怒、欲、惧、忧五气。五气属于内，属于中，阳表示情。喜气内畜，必有喜情发于外。这种思想与《性自命出》的讲法是一致的。

事实上，《乐记》中的一段话，也未尝没有这个意思：

> 是故先王本之情性，稽之度数，制之礼义，合生气之和，道五常之行，使之阳而不散，阴而不密，刚气不怒，柔气不慑，四畅交于中而发作于外……

"四畅交于中而发作于外"也即《文王官人》的"五气诚于中发形于外"，"四"应指阴、阳、刚、柔四气，亦即性，这一段话就是解释"本之情性"的。

3. 情生于性

由上可见，喜气畜于内，喜情发于外，喜气是喜情的内在根据，故曰"情生于性"。

"情生于性"在《性自命出》中两次出现，可见是作者很重视的命题。这一命题又见于《语丛》，在《语丛》中有更进一步的表达：

> 爱生于性，亲生于爱。
>
> 欲生于性，虑生于欲。
>
> 智生于性，卯生于智。
>
> 子生于性，易生于子。
>
> 恶生于性，怒生于恶。
>
> 喜生于性，乐生于喜。
>
> 愠生于性，忧生于愠。
>
> 惧生于性，监生于惧。
>
> 强生于性，立生于强。
>
> 弱生于性，疑生于弱。

根据以上所说，情生于性，就是指喜、愠、惧、慈、爱、恶、欲、智等情都生于性。而所谓乐、忧、怒、亲等生于喜、愠、恶、爱，是指两者虽然都是情，但前者在后者的基础上发展得更加强烈，如"愠斯忧"，故说"忧生于愠"。

4. 性一心异

《性自命出》中说：

> 四海之内，其性一也。其用心各异，教使然也。

孔子曾说"性相近也，习相远也"，本篇继承了孔子的思想。人都有好恶喜怒之性，所以可以说人的性是相同的，这就是所谓"其性一也"；但人的心不相同，这里的心指道德意识的水平，道德意识的水平是教育的结果，故说"其用心各异，教使然也"，因为"教所以生德于中者也"。从这里的说法来看，作者并没有人性善或者人性恶的意识。《乐记》说"民有血气心知之性，而无哀乐喜怒之常"，亦可作为本篇这一段话的注脚。

5. 物诱性动

《礼记·乐记》虽是数篇合成，但其中思想基本一致。如说"人心之动，物使之然也"，"感于物而动，性之欲也，物至知知，然后好恶形焉"，"物之感人无穷，而人之好恶无节"，"夫民有血气心知之性，而无哀乐喜怒之常，应感起物而动，然后心术形焉"。

《性自命出》与《乐记》的看法相近，认为"凡动性者，物也"，"及其见于外，则物取之也"。这里"及其见于外"的"其"指性，性见于外便是情，见于外，也就是"好恶形焉"。与《乐记》不同处在于，《性自命出》不仅讲心动，而且讲性动。其思想认为，人虽有好恶之性，但只有物诱于外，好恶才表现出来。物是所好所恶，物使得好恶之性外化了。

6. 习以养性

《性自命出》有养性的观念：

> 动性者，物也；逢性者，悦也；交性者，故也；厉性者，义也；出性者，势也；养性者，习也；长性者，道也。

> 习也者，有以习其性也。

按《论语》和《孟子》中都只有几次谈到"习"，也不曾把"习"和"性"联系起来。不过，《大戴礼记·保傅第四十八》中引孔子的话却明确讲到"习"和"性"的关系：

> 孔子曰："少成若天性，习贯之为常。"此殷周之所以长有道也。

卢注曰："人性本或有所不能，少教成之，若天性自然也。"这是以"教"解释"习"。"习"一般是中性的，故孔子谓习相远。"教"是正面的，把"习"解释为"教"，则这里的"习"也是正面的了。以习养性，似乎也有这样的意思。

养性的观念在《孟子》中也提出来，即"存其心，养其性，所以事天也"（《尽心上》）。孟子这句话是主张以存心来养性，而不是以习来养性。不过孟子的确很重视"养"的观念，他说："今夫麰麦，播种而耰之，其地同，树之时又同，浡然而生，至于日至之时，皆熟矣。虽有不同，则地有肥硗，雨露之养，人事之不齐也。"这里的养是指后天的习养。又说："苟得其养，无物不长；苟失其养，无物不消。"（《告子上》）这里是讲对性的滋养。世子也说过："养而致之则善长"，养使得性中的善得以滋长。

7. 性出于天命

《性自命出》的第一段中说：

性自命出，命自天降，道始于情，情生于性。

竹简的整理者很注意此句，认为与《中庸》首句"天命之谓性"相近。的确，如果我们把宋儒对《中庸》的解释放在一边，则"性自命出，命自天降"的意思是说，性出于命，命来自天，故在文字上就可以理解为"天命为性"。

其实，如果不按宋儒的解释，仅就"天命之谓性"说，其意义并不能够归结为性善论，而只是说，性是天赋的。《孟子·告子上》：

> 富岁子弟多赖，凶岁子弟多暴，非天之降才尔殊也，其所以陷溺其心者然也。

"天之降才"即天生的资性，即"天命之谓性"，也就是"性自命出，命自天降"，这并不意味着性就是善的。

8. 修身近仁

《性自命出》中说：

> 闻道反上，上交者也；闻道反下，下交者也；闻道反己，修身者也。……修身近至仁。

闻道而要求于上，是上交；闻道而要求于民，是下交；闻道而用以要求自己，是修身。用道要求上，是事君者；用道要求民众，是从政者；以道修身者近于"至仁"。《性自命出》的作者无疑是很重视修身的。

《中庸》里说："修身以道，修道以仁。"与《性自命

出》的观点是相通的。修身的观念在《礼记》中大量出现，如
《曲礼》《乐记》《中庸》《大学》，在《孟子》中也有修身
的观念。

9. 以德治民

《性自命出》中说：

> 凡人情为可悦也。苟以其情，虽过不恶。不以其情，
> 虽难不贵。苟有其情，虽未之为，斯人信之矣。未言而
> 信，有美情者也。未教而民恒，性善者也。未赏而民劝，
> 含富者也。未刑而民畏，有心畏者也。贱，而民贵之，有
> 德者也。贫，而民聚焉，有道者也。

这是说，一个治民者，如果与人民有感情上的沟通，虽有过
失，人民也不会嫌恶他。他若对人民有情，即使他没有做事，
人民也相信他。未许诺而得到人民的信赖，这是有美情的人；
未施教化而使人民有常心，这是性善的人；未行赏赐而人民勉
力，这是有福的人。他不做官，而人民尊敬他，这是有德的
人；他没有财富，而人民聚集其周围，这是有道的人。这样的
人，不喜欢他的人说不出他的过失，批评他的过失的人又不嫌
恶他。这样的人就是修身近仁的人。总之，强调治民者内在情
性的修养。

《国语·楚语上》记载楚庄王为太子寻傅，问于申叔时，申叔时说：

> 教之《春秋》，而为之耸善而抑恶焉，以戒劝其心；教之《世》，而为之昭明德而废幽昏焉，以休惧其动；教之《诗》，而为之导广显德，以耀明其志；教之《礼》，使知上下之则；教之《乐》，以疏其秽而镇其浮；教之《令》，使访物官；教之语，使明其德，而知先王之务用明德于民也；教之故志，使知废兴者而戒惧焉；教之训典，使知族类，行比义焉。

荆门楚简的这些儒家文献，包括《性自命出》篇，应当说，近于楚太子之傅用以教授太子的所谓《语》，因为这些篇章的内容都是"使明其德，而知先王之务用明德于民也"。

从性说的方面看，最核心的问题是：《性自命出》是否为性善论。我认为本篇思想还不是性善论。我们知道孔子提出"性相近，习相远"的思想，战国中期以后孟子提出性善说，后来荀子又提出性恶说。《性自命出》的人性说，可以说正是孔子与孟、荀之间的发展形态，它所提出的"性自命出"的思想发展了孔子的人性论，从天—命—性—情—道的逻辑结构来讨论人性的本质和作用。它主张命自天降、性自命出、情出于性、道始于情，认为天所赋予的是性，性就是天生的好恶，就是人内在的喜怒哀乐之气，喜怒哀乐之气表现于外，便是情，情合于中节便是道。所以这种看法还是接近于自然人性论，以生之自然者为性。

这种看法其实是先秦思想的主流，也是先秦儒家的主流。孔子的性相近说明显地不是指性善而言。王充说："周人世硕，以为人性有善有恶，举人之善性，养而致之则善长；性恶，养而致之则恶长。如此，则性各有阴阳，善恶在所养焉。故世子作《养书》一篇。宓子贱、漆雕开、公孙尼子之徒亦论情性，与世子相出入，皆言性有善有恶。"（《论衡·本性》）《孟子》中公都子所述的两种人性论，也是主张"性可以为善，可以为不善"，和"有性善，有性不善"。告子则明确说："性无善无不善也。"世子见于《五行》篇所引，观《汉书·艺文志》所列《世子》书的时代，盖即七十子之一也。宓子贱、漆雕开、公孙尼子都是孔门的重要人物，告子也应是一个儒者，告子"仁内义外"说即见于楚简的《六德》篇。他们的人性论都比较接近。而孟子的性善论，在先秦儒学中反而是独特而少有的。郭店楚简的发现为我们重新审视先秦儒家的人性论，提供了重要的文献。

《性自命出》的心说也是此篇的重要内容。《性自命出》的作者认为，好恶是性，好恶的对象是物，人在外物的感诱下而去好之恶之，这是情。但在这个过程中间有一个重要环节，就是心。如果任性为主，心不发挥作用，好恶之性就会听凭外物之诱而发为好恶无节之情，故说："及其见于外，则物取之也"，"凡性为主，物取之也"。如果心有定志，则虽有好恶之性，也不会无所主宰地被"物取"而"见于外"，所以说："人虽有性，心弗取不出。凡心有志也……"这个说法，近于荀子的思想，也很近于宋儒所说的"心主性情"。

《性自命出》的作者又认为，人能做一善事，但若不是从善的心念动机出发，则不值得推崇；这就是所谓"虽其能事，不能其心，不贵"。然而人的心念动机是看不见的，要了解人的心，还要与行为联系起来才可了解，比如，一个人过错犯了十次，其心必然有问题，这就是"求其心有为也，弗得之矣，人之不能以为也，可知也。其过十举，其心必在焉"。从一个人的自我要求来说，外在的东西必须与内在的东西一致，如"有其为人之柬柬如也，不有夫恒怡之志则缦"等。总之，内心的方面最重要，故说"凡道，心术为主"。

二 求己反本说

郭店楚简中另一篇《成之闻之》的主旨在第一段中即开宗明义地提出来，这就是"求己以用民"。其大意是说，统治者要使人民为己所用，最重要的就是"求己"，所谓求己就是在道德上以身作则，故曰"古之用民者，求之于己为恒"

（简一）。

本篇对理解早期儒家思想和话语的性格、理解早期儒家思想言论与当时社会政治环境和政治需要，对理解早期儒家借向君王建言的途径表达治民的政治思想的一面，有很重要的作用。它使我们了解到，在春秋战国之交，"用民""使民"是现实政治的焦点论题，用民之道和使民之道也成为早期儒家的主要论域。《论语》中记载：

> 季康子问："使民敬，忠以劝，如之何？"子曰："临之以庄则敬，孝慈则忠，举善而教不能则劝。"（《论语·为政》）

从季康子的关注，可见"使民"问题在当时的重要。事实上，在孔子思想中已有不少这方面的论述和意见，如：

> 上好礼则民易使。（《论语·宪问》）
> 使民如承大祭。（《论语·颜渊》）
> 其养民也惠，其使民也义。（《论语·公冶长》）
> 道千乘之国，敬事而信，……使民以时。（《论语·学而》）

孟子也说："以佚道使民，虽劳而不怨。"（《孟子·尽心上》）这些都透露出，春秋战国之交"使民"的问题是各级统治者和思想家共同关切的重要课题。

从《成之闻之》的全篇来看，它所提出的课题，是如何才能使民"从上之命""信上之言"。这显示出，在一个政治秩序已被破坏的社会，政治统治的危机十分突出而普遍。这种政治危机集中表现为信任危机，这使得"民从""民信"成了当时各国统治者所追求的政治目标。"信"德的突出即以此为背景。《左传》中已有不少例子，如子犯论用民之道，说"民未知信""未宣其用"（僖公二十七年）；以及提出"不信，民不从也"（昭公七年）的思想。本篇以此种社会问题为背景，从此入手，力图说明，要使民从民信，统治者必须以"求己"为先，"求己"就是"身服善以先之"，就是强调政治领导者要在道德上起表率作用，修身进德。求己则民信上之言，求己则民从上之命，一句话，求己而后可以用民、使民。

1.

（1）求己

古之用民者，求之于己为恒。行不信则命不从，信不著则言不乐。民不从上之命，不信其言，而能含德者，未之有也。故君子之莅民也，身服善以先之，敬慎以（导？）之，其所在者内矣。（简一至三）

这是说，古来用民的人，以求己为恒常之德。因为，行为得不到信任，命令就不会有人服从；信用显示不出来，统治者的话就没有人听。民众不服从在上者的命令，不相信在上者的话，而能感念在上者之德，这是不可能有的事。所以君子统领民众，必以身作则，率先行善，敬慎导民。

（2）以身服善

> 君子之于教也，其导民也不浸，则其淳也弗深矣。是故亡乎其身而存乎其词，虽厚其命，民弗从之矣。是故威服刑罚之屡行也，由上之弗身也。（简四至六）

此段大意是说，君子教民必须深入民之心。如果忘记了身行，而只是言教，则命令再多，人民也不会服从，从而最后导致刑罚施用不断，这都是由于在上者没有身先行善的缘故。从这段也可看出，儒家是反对以刑法治国的，把"齐之以刑"看作一种失败的、坏的模式。同时，竹简中对"民"的力量的重视，表现出一些民本思想的意识。

（3）反本

> 上苟身服之，则民必有甚焉者。……是故君子之求诸己也深。不求诸其本而攻诸其末，弗得矣。是君子之于言也，非从末流者之贵，穷源反本者之贵。苟不从其由，

不反其本，未有可得也者。君上乡（享）成不唯本，功
□□□□；戎夫不强，嘉粮弗足矣；士成言不行，名弗得
矣。（简七至一二）

这是说，在上者如能以身服善，人民必然更加仿效。君子以身
作则，而倡导之，则人民很少有不服从的。所以君子总是深深
地反求诸己。求己是本，不求其本而追逐其末，是不能成功
的。因此，君子对于言辞，贵其反本者，而不贵其从末者。不
遵循道，不能反本，没有能够成功的。这里的"本""末"之
辩是很重要的。此段中的"其由"当指道。又，"是（故）君
子之于言也……不反其本"一句在简一四重复出现，疑抄写之
误。简一五有"虽强之弗入矣"，疑与上段中的"……弗足
矣""……弗得矣"相对应。

（4）以道导民

上不以其道，民之从之也难。是以民可敬导也，而不
可掩也；可御也，而不可牵也。故君子不贵庶物，而贵与
民有同也。秩而比次，则民欲其秩之遂也。富而分贱，则
民欲其富之大也。贵而能让，则民欲其贵之上也。反此道
也，民必因此厚也以复之，可不慎乎？（简一六至一八）

在上者行不由道，人民也就很难服从其命。所以人民可以引

导，不可以压制；可以指挥，不可以强行。君子不以财物为贵，而以与民同享为贵。在上者如能富而好施，贵而好让，则人民就会希望他更富更贵。如果在上者之行为不合乎道，人民就会因为其富贵的积厚而报复他。"富而分贱""贵而能让"使人想起"贫而好乐，富而好礼"（《礼记·坊记》）的说法。

（5）爱人敬人

> 故君子所复之不多，所求之不远，窃反诸己而可以知人。是故欲人之爱己也，则必先爱人；欲人之敬己也，则必先敬人。（简一九至二十）

这一段比较直白，君子求己、反己、爱人、敬人，故人民亦爱敬其在上者。在《性自命出》篇也有"闻道反己"的说法，《穷达以时》亦有"君子反己"（简一五）的提法。

以上是此篇简一至简二十的主要内容，意思连贯，文理细密。

由本篇的论述可见，早期儒家对道德和修身的要求，主要是针对各级治民者所提出来的，而不是对民人提出来的。其基本观点认为，领导者要顺利履行公共职责，并得到民人的信任，必须率先在道德上做出表率，加强修身。

2.

本篇的思想都反映在简一至简二十。其中所论，广泛见于早期儒家各种文献，可以说是早期儒家的共同思想。以下分别论之。

（1）与《大学》

本篇思想与《大学》有很接近的地方。特别是《大学》第九、第十两章论齐家、治国，与本篇思想一致。《大学》突出"本末"之辩：

> 自天子以至于庶人，壹是皆以修身为本，其本乱而末治者，否矣。（《大学》经一章）

本篇主张反本，反对从末，其所谓本，即是以德修身，与《大学》一致。《大学》又说：

> 其所令反其所好，而民不从。是故君子有诸己而后求诸人，无诸己而后非诸人。所藏乎身不恕，而能喻人者，未之有也。（《大学》传九章）
> 上老老而民兴孝，上长长而民兴弟，上恤孤而民不倍。（《大学》传十章）

《大学》这里也提出"民从"的问题，其中所说"其所令反其所好，而民不从"，与本篇一致。"有诸己"，即求己之意。在上者要民做的，与他自己所做的相反，则人民就不会服从，这和本篇讲的"上服善以先之则民从"是相同的。

当然，本篇所论与《大学》也有些差别，大学的问题意识，不仅是民之从与不从的问题，而且提出以在上者的道德榜样而化民成德，即"上老老则民兴孝"。所以其着眼处不仅是民信民从，而且是使民能行德行善。所以《大学》的要求更高，不止于用民而已。这亦可说明《大学》应成于本篇之后。

（2）与《中庸》

《中庸》也有与本篇相同的思想。《中庸》说：

> 上焉者虽善无征，无征不信，不信民弗从。下焉者
> 虽善不尊，不尊不信，不信民弗从。故君子之道，本诸
> 身，……君子动而世为天下道，行而世为天下法，言而世
> 为天下则。（《中庸》二十九章）

这里所说的"不信则民弗从"，与本篇"行不信则命不从"等思想完全一致。所以《中庸》追求的是"见而民莫不敬，言而民莫不信，行而民莫不说"（《中庸》三十一章），是"君子不动而敬，不言而信""不赏而民劝，不怒而民威……"的治国效果，由此可见，《中庸》有着和本篇相近的问题意识。而《大学》《中庸》都是要统治者求己修德，使民自然敬服。

《中庸》引孔子的话说："所求乎子，以事父未能也；所求乎臣，以事君未能也；所求乎弟，以事兄未能也；所求乎朋友，先施之未能也。"（十三章）这四个"所求"表达的就是"求己"。故张载谓："以责人之心责己。"朱子更说子思是"反求诸己"。这些与本篇的"求己"思想都是一致的。

（3）与孔子

本篇的思想与《论语》所见的孔子思想也是一致的。孔子一贯强调统治者自身的道德表率作用，提倡正己而后正人，如：

> 政者正也。（《颜渊》）范氏注"未有己不正而能正人者"。
> 其身不正，虽令不行。（《子路》）
> 苟正其身矣，于从政乎何有。（《子路》）
> 修己以安人。（《宪问》）

这都是要求在上者正己而后正人，特别是，孔子明确提出：

> 君子求诸己，小人求诸人。（《卫灵公》）

这是孔子明确提出的"求己"思想，故本篇和《论语》的思想是一致的。

此外，《孟子》中有一段：

> 孟子曰："然。不可以他求者也。孔子曰：'君薨，听于冢宰'，歠粥，面深墨，即位而哭，百官有司，莫敢不哀，先之也。'上有好者，下必有甚焉者矣。君子之德，风也；小人之德，草也。草尚之风必偃。'是在世子。"（《孟子·滕文公上》）

这段话中的"上有好者，下必有甚焉者矣"，一般并未作为孔子的话，而在我的标点中，则作为孔子的话。按：焦循《孟子正义》即以"上有好者"以下、"必偃"以上，为"皆孟子述孔子之言"（《孟子正义》卷十，中华书局，1987年，第330页）。

《成之闻之》篇"上苟身服之，则民必有甚焉"，与孟子所述孔子的话"上有好者，下必有甚焉"是相同的，也与《缁衣》中的"子曰：……上好是物，下必有甚焉者矣"，以及《尊德义》中的"下之事上也，不从其所命，而从其所行；上好是物也，下必有甚焉"是相同的，应当都是孔子的话。从这里来看，本篇应与孔子有密切的关系。

（4）与孟子

《孟子》书中的思想也与本篇相通，孟子说：

> 仁者如射，射者正己而后发。发而不中，不怨胜己

者，反求诸己而已矣。（《孟子·公孙丑上》）

这里也提出"反求诸己"，与本篇"反本""求己"的思想是相同的。值得注意的是，《孟子》的这段话与《礼记》的一段相同：

　　射者仁之道也。射求正诸己，己正而后发，发而不中，则不怨胜己者，反求诸己而已矣。（《礼记·射义》）

《孟子》似承袭《射义》而言，故《礼记》中的篇章实多早出。

本篇中有一段话：

　　是故欲人之爱己也，则必先爱人；欲人之敬己也，则必先敬人。

《孟子·离娄下》：

　　爱人者，人恒爱之；敬人者，人恒敬之。

二者很相像，孟子似读过本篇。

本篇中还说：

故君子不贵庶物，而贵与民有同也。

《孟子·梁惠王下》有"与民同乐"等说，与本篇思想相同。另外，《礼记》多有"与民同也"的说法（如《丧服》）。

本篇的思想史意义是使我们更加了解，"反求诸己"是早期儒家的中心思想。而本篇的思想特色，是将"求己"的道德修身与"用民"的政治效果联结起来。也可以说，这显示出，"使民""用民"是早期儒家思想的基源问题，而"求己""修德"是儒家所以解决此问题的独特进路。同时，这也可以理解为是当时儒者的"方便说法"，即向君王进言所不得不采取的论述策略。此种论述策略是以"用民"为目的，以"求己"为途径。所以本篇是劝君王修德的作品，其劝言的方式是春秋战国"士"的思想活动的常见形式。春秋战国时期诸子百家的学术活动，大都与"游说劝谏"的政治活动相表里，这使得他们的思想是通过与君王对话或向君王献言的方式来表达的。尽管如此，本篇强调的"求己""爱人"仍有重要的意义。

然而，这种"游劝献言"的形式，在理论上也造成一些限制。以本篇为例，以"用民"为目的，以"求己"为途径，则修身进德本身所具有的独立的价值和意义就很难彰显出来，变成只是为"使民""用民"服务的工具性手段。自然，如果脱离了"用民"的政治实践，君王是不可能被说服进行独立意义的道德修养的，儒家的政治理想也就完全不能落实。只是这样一来，在这种方便说法中，儒家道德理论的表达，也就不能不受到相当的限制。所以，凡以此种形式表达的儒家思想，都不能真正地、充分地表达儒家的完整的理念。而儒家的发展，正是从不自觉到比较自觉的不断修正、不断改进的过程。

总之，无论是从思想内容还是论述方式上看，本篇带有比较原始的风格，是儒家较早的一篇文献。

第四章　孟　子

一　仁政论

《孟子》七篇，前五篇《梁惠王》《公孙丑》《滕文公》《离娄》《万章》，主题都是政治思想，而且以"仁政"的观念和思想为中心，由此可见，孟子思想的重心和基点与孔子相比有所不同。这种不同可以用一句话来表示，即周代的正统思想如果归结为敬德、保民的话，那么，孔子的思想更多地关注和发展了"敬德"的一面，而孟子则更多关注和发展了"保民"的一面。

1. 思想来源

《泰誓》中已提出"元后作民父母"，以及"天矜于民，民之所欲，天必从之""天视自我民视，天听自我民听"的思想，周人还提出"抚民以宽"（《微子之命》），"用康保民"（《康诰》），"若保赤子，惟民其康"（《康诰》）。事实上这是整个《尚书》的重要主题，从《皋陶谟》的"在安民"，到《盘庚》的"施实德于民"都已经有朴素、平实的安民思想和重视民生的思想。《高宗肜日》更提出"敬民",而《梓材》的"永保民"在《周书》中屡见不鲜,故《洪范》也说"天子作民父母";再加上《尚书》反复表达的对孤寡老人和失怙幼孤的特殊关怀,这些共同构成了中国古代政治思想的传统和基石。《五子之歌》还提出了"民为邦本",孟子思想所由出发的前提,正是《尚书》的政治思想传统。事实上,《诗经》中也出现了"民之父母"的思想。

另一方面,孔子开创了儒家学派,第一次把"仁"作为最高的道德原则、最重要的全德之称,奠定了"仁学"在儒家思想中的地位。在这个意义上,孟子以"仁政"为中心观念的政治思想,不仅继承了《尚书》,也进一步发展了儒家的仁学,既可以说是把西周政治思想放在"仁"学下来发展,又可说是把"仁"的德行和精神推展到政治思想,通过"以德行仁"和"发政施仁"的命题,把敬德与保民结合在儒家的仁学之中。孟子说"君不行仁政而富之,皆弃于孔子者也"(《离娄上》),也证明他的政治思想是继承孔子的,并发展了仁在政治实践方面的意义。

现在回顾一下有关"仁"的概念的发展。《尚书》中虽有仁字,但并无后来的用法。春秋时用"仁"之处甚多,《国语》中优施教骊姬说"为仁者,爱亲之谓仁;为国者,利国之谓仁",取爱亲为仁之近义。另外,单襄公在对勇、礼、仁的肯定中,说"畜义丰功谓之仁",这里的仁则是指积善正义扩大功德而言，但单襄公重病时对单顷公讲行德时，说"仁，文之爱也"，这里文表示全德，仁指爱，还说"爱人能仁"。申叔时也说"明慈爱以导之仁"，此外还有"博爱于人谓仁"（皆见《国语》）。可见，"爱"是仁的初义，爱亲是仁的通义。

这些讲法到儒家都被继承下来了。樊迟问仁，子曰："爱人。"《孟子》后来也肯定"仁者爱人"（《离娄下》）。即使荀子，也说"仁，爱也，故亲"（《大略》），都从普遍的意义上肯定了仁的意义为"爱人"。同时，仁以爱亲为基础，此一意义也未变。《论语》中"孝弟也者，其为仁之本与！"本即始，指孝父悌兄是仁之始基，故《孟子》也说"仁之实，事亲是也"（《离娄上》）。《中庸》在孟子前，也说"仁者，人也，亲亲为大"。

战国时其他各家也都如此用"仁"，如《墨子》："仁，体爱也"，《庄子》："亲而不可不广者，仁也"（《在宥》），《韩非子》："仁者，谓其中心欣然爱人也"（《解老》），后来汉代的《说文解字》也仍然如此定义："仁，亲也。"

2. 为民父母

然而"仁"之德性如何用于实践呢？在《论语》中，我们看到孔子与孔门弟子主要是把践仁规定为士君子个人的德性修养方面，以达成完满的君子人格为目的，而没有把仁超出直接的个人与亲属关系。孔子主张求仁、行义、尽礼，仁当然也包含着正确处理人与人的关系，以及如何对待别人、如何看待自己的问题，但总的来说，孔子没有把仁置于政治生活领域。正是在这一点上，孟子对孔子、对仁学，做了积极的政治思想的发展。亚里士多德说过，伦理学研究个人的善，政治学研究人群的善；照此，似乎孔子更多地论述个人的善，孟子则更注重政治生活的善。

除《尚书》外，孟子政治思想亦有其他来源，如《左传》"襄九年"知武子曰："君子劳心，小人劳力，先王之制也。"又如子产问政然明，对曰："视民如子，见不仁者诛之……"（"襄二十五"）周大夫富辰曰："仁所以保民也"（《周语》中），等等。

孟子说："尧、舜之道，不以仁政，不能平治天下。今有仁心仁闻而民不被其泽，不可法于后世者，不行先王之道也。故曰：徒善不足以为政，徒法不能以自行。……圣人既竭目力焉……既竭耳力焉……既竭心思焉，继之以不忍人之政，而仁覆天下矣。"（《离娄上》）由此可以看出，孟子是以仁政为平治天下之道，这本身就是战国社会遇到的问题。在春秋后期，孔子遇到的还只是维持礼乐制度和政治秩序的问题；而在战国，问题已经不再是维护旧的封建（宗法）制度，这个制度已经完全被破坏，代之而起的是各种军功官僚制度，所以战国的问题是如何重新平治天下，而建立一个统一、和平、富庶和正义的社会联合体。

因此孟子认为，如果君主有仁爱之心，有仁爱之名，但老百姓受不到他的恩惠，这仍然不能平治天下，也不合先王之道。孟子这里虽然是就君主而言，但可以看出，在他的理解中，"仁"并非个人的独善，必须把"仁"从个人的"仁心""仁闻"推广到政治实践的"仁政"，使"仁"覆盖天下，人民都受到仁政的恩惠，这才是仁的完成。[1]

因此，"仁政"就是把仁心用于政治社会的管理，使人民分享财富。仁的本义是爱，仁政就是体现爱民之心的政治、政策、行政，所以仁政的核心是"爱民"。墨子的兼爱只注重国家间的和平，孟子则更注重内政之仁。

在孔子之前，古代的政治思想中已有保民、安民和"保民如保赤子""天子作民父母"的说法，孟子无疑继承了这种思想。孟子很强调为政者要以"为民父母"之心对待人民，在《孟子》第一篇中，孟子与梁惠王之间有如下的对谈：

孟子对曰："杀人以梃与刃，有以异乎？"曰："无以异也。""以刃与政，有以异乎？"曰："无以异也。"曰："庖有肥肉，厩有肥马，民有饥色，野有饿

---

[1] 在这个意义上是发展了孔子有关"博施济众"的思想。另外，《国语》记周大夫富辰曾言"仁，所以保民也"。

莩，此率兽而食人也。兽相食，且人恶之；为民父母，行政，不免于率兽而食人，恶在其为民父母也？仲尼曰：'始作俑者，其无后乎！'为其象人而用之也。如之何其使斯民饥而死也！"（《梁惠王上》）

这就指出了"为民父母"的规范性意义和规范性指向。

领导者、统治者应当"为民父母"，为民父母就是要像父母爱子女那样爱民保民，如果让老百姓到处饿死，这种政治等于率领贪兽来吃人，哪里还是什么民之父母呢？在另一个地方孟子又说：

为民父母，使民盻盻然，将终岁勤动，不得以养其父母，又称贷而益之，使老稚转乎沟壑，恶在其为民父母也？（《滕文公上》）

盻盻然，即勤苦状。这里是说，君主虽称为百姓的父母，却使人民终年辛苦劳作都不能养活父母，还要借贷来补充生活，使一家老小抛尸露骨于水沟之中，这样的统治者哪里是民之父母呢？

在孟子的时代，有一个墨者叫夷子的，来见孟子：

夷子曰：儒者之道，古之人若保赤子，此言何谓也？

（《滕文公上》）

这个材料很重要，它说明当时的人认为，所谓"儒"也即"儒家"的思想，主要在于强调君王爱护百姓要像爱护婴儿一样，所以，孟子思想中"为民父母"的观念是继承了周代政治思想中的保民观念而来。而与周代不同的是，如果说周代的政治思想是周公代表的周朝统治阶级的自我警醒，而孟子则以"为民父母"为一不可动摇、无可怀疑的普适的政治文化价值，用以强烈批判战国社会的现实。周代统治者的"保民"观念更多的是基于历史经验与历史理性，以保民来确保自己的统治不被推翻，保守住天命，它更多的是一种政治功利的成败总结。而孟子则不然，因为"以民为本"是孟子全部政治思想的核心和基点，它本身就是目的，而非手段，对民众的同情也就成了最基本和最重要的道德价值。孟子的这个思想是儒家人道主义与儒家社会主义的基础。

3. 发政施仁

现在来看孟子对仁政的论述：

孟子对曰："地方百里而可以为王。王如施仁政于民，省刑罚，薄税敛，深耕易耨；壮者以暇日修其孝悌忠信，入以事其父兄，出以事其长上，可使制梃以挞秦楚之坚甲利兵矣。彼夺其民时，使不得耕耨以养其父母。父母冻饿，兄弟妻子离散。彼陷溺其民，王往而征之，夫谁与王敌？故曰：仁者无敌。"（《梁惠王上》）

可见，施仁政于民是与"夺其民时，陷溺其民"的虐政相对立的，其内容包括减轻人民的赋税负担，减少对人民使用刑罚。

孟子把仁政叫作"发政施仁"（《梁惠王上》），发政施仁（起点）就是要"保民"（《梁惠王上》）："老吾老以及人之老，幼吾幼以及人之幼，天下可运于掌。"（《梁惠王上》）"仁政"在孟子又称为"王政"，齐宣王问孟子："王政可得闻与？"

对曰："昔者文王之治岐也，耕者九一，仕者世禄，关市讥而不征，泽梁无禁，罪人不孥。老而无妻曰鳏，老而无夫曰寡，老而无子曰独，幼而无父曰孤。此四者，天下之穷民而无告者。文王发政施仁，必先斯四者。"（《梁惠王下》）

孟子曰："伯夷辟纣，居北海之滨，闻文王作，兴曰：'盍归乎来？吾闻西伯善养老者。'太公辟纣，居东海之滨，闻文王作，兴曰：'盍归乎来！吾闻西伯善养老者。'二老者，天下之大老也，而归之，是天下之父归之也。天下之父归之，其子焉往？诸侯有行文王之政者，七

年之内，必为政于天下矣。"（《离娄上》）

可见王政就是关爱天下穷民而无告者，养老抚幼，照顾孤独鳏寡，这是发政施仁最首要的事。

王政又称王道，王政、王道不仅要关爱老幼孤寡，也要使所有人民都能"养生丧死无憾"。故曰："养生丧死无憾，王道之始也。"（《梁惠王上》）所以，仁政的核心是民生主义，就是要努力保证人民的生活不饥不寒。

4. 饱暖有教

那么，什么是"养生丧死无憾"的仁政、王道呢？什么是王政要保障的人民的基本生活呢？

> 是故明君制民之产，必使仰足以事父母，俯足以畜妻子，乐岁终身饱，凶年免于死亡。然后驱而之善，故民之从之也轻。今也制民之产，仰不足以事父母，俯不足以畜妻子，乐岁终身苦，凶年不免于死亡。此惟救死而恐不赡，奚暇治礼义哉？
>
> 王欲行之，则盍反其本矣。五亩之宅，树之以桑，五十者可以衣帛矣。鸡豚狗彘之畜，无失其时，七十者可以食肉矣。百亩之田，勿夺其时，八口之家可以无饥矣。谨庠序之教，申之以孝悌之义，颁白者不负戴于道路矣。

老者衣帛食肉，黎民不饥不寒，然而不王者，未之有也。
（《梁惠王上》）

为了保证人民有固定的土地产业、赋税有固定不变的额度，孟子主张以井田制来实现其理想，故滕文公即位问政于孟子时，孟子说："夫仁政，必自经界始。经界不正，井地不钧……死徙无出乡，乡田同井，出入相友，守望相助，疾病相扶持，则百姓亲睦。方里而井，井九百亩，其中为公田。……公事毕，然后敢治私事，所以别野人也。"（《滕文公上》）

这是孟子的理想。井田制是可以实行的，但实行井田制虽然"死徙无出乡，乡田同井"，却不必然"出入相友，守望相助，疾病相扶持"。当然，井田制的环境在客观上造成了熟人共同体，使得邻里互助既有需要也有可能。

孟子的这些思想，可以概括为要求统治者使人民与社会"温饱有教"。仁政的主要方面是保证、保障人民的基本物质生活，主要通过制田产、省税赋、务农时、养孤幼的制度和政策来实现，使人民得以从虐政和死亡的边缘摆脱出来。

不过仁政也包含着另一方面，即礼义教化。孟子反复指出，在保证民众有五亩之宅、百亩之田的同时，还要"谨庠序之教，申之以孝悌之义"。正经界、均井田，不仅要使人民有固定的田产，还有利于实现"出入相友，守望相助"的善良风俗，所以孟子还说过：

后稷教民稼穑，树艺五谷，五谷熟而民人育。人之有道也，饱食、暖衣、逸居而无教，则近于禽兽。圣人有忧之，使契为司徒，教以人伦：父子有亲，君臣有义，夫妇有别，长幼有序，朋友有信。放勋曰："劳之来之，匡之直之，辅之翼之，使自得之，又从而振德之。"（《滕文公上》）

孟子讲"明君制民之产"时也说，制民之产做不到，民唯救死而不及，哪里有时间治礼义呢？这都说明，孟子的社会理想，一方面是保障人民有温饱的生活，另一方面还要实行教化使人民有礼义之心。当然，孟子强调的是民生和民事。

"仁政"是孟子表达民生思想的观念。抽象地看，仁政亦可指重视道德教化之政，但在孟子并非如此。另一方面，孟子所有以仁政为形式表达的民生主义的具体要求，也可以不用仁政而用王道、王政来表达，但"王政"的观念就与孔子仁学没有关系了。所以，仁政是孟子概括其民生主义要求的一个儒家政治观念，也因此，仁政并非完整地反映了孟子民本主义政治思想，只是反映了孟子民本主义思想中民生主义的方面。

5. 与民同好恶

孟子的政治思想中，仁政是其政治要求；更基本的价值观念，是要求君主、领导者、统治者要"与民同乐""与民同好"，民之所好好之，民之所恶恶之，一切都从人民的意愿和要求出发，一切政治的举措都以人民的意愿为根本原则。孟子的这些思想包含着，如果统治者不能以人民的意愿为中心，或反其道而行，则必然灭亡。必然灭亡是孟子的一种论证（当然也是周初以来的历史经验），即使经验中并非如此，孟子思想中的价值、方向、立场是明确的，是不因其论证强弱而成立的。

孟子见梁惠王，王在池边赏鹿，见到孟子说：道德贤明的君子也享受这种快乐吗？孟子回答："贤者而后乐此，不贤者虽有此不乐也。"（《梁惠王上》）就是说有德者才能享受这一种快乐，无德者虽然面对此种快乐，也无法享受。所谓有德者，就是能"与民偕乐"者，孟子说：

> 文王以民力为台为沼，而民欢乐之，谓其台曰灵台，谓其沼曰灵沼，乐其有麋鹿鱼鳖。古之人与民偕乐，故能乐也。《汤誓》曰："时日害丧，予及女偕亡。"民欲与之偕亡，虽有台池鸟兽，岂能独乐哉？（《梁惠王上》）

这表示，真正的"乐"一定是与人民共同分享的乐，"所欲与之聚之，所恶勿施尔也"。如果一个君王有亭台鱼鸟，而人民却全部反对他，也反对他对亭台鸟鱼的享受，而要和他一起死亡，他能有什么真正的乐，能独自享有此种乐吗？所以与人民共同分享的乐，人民赞同的乐，君王才能乐之。

梁惠王喜爱音乐，孟子见王说："独乐乐，与人乐乐，孰乐？"王曰："不若与人。"孟子又问："与少乐乐，与众乐乐，孰乐？"王说："不若与众。"这样，孟子就引导梁惠王承认，和别人一起欣赏音乐，与多数人一起欣赏音乐更快乐。然后孟子说：

> 今王鼓乐于此，百姓闻王钟鼓之声，管籥之音，举疾首蹙頞而相告曰："吾王之好鼓乐，夫何使我至于此极也？父子不相见，兄弟妻子离散。"今王田猎于此，百姓闻车马之音，见羽旄之美，举疾首蹙頞而相告曰："吾王之好田猎，夫何使我至于此极也？父子不相见，兄弟妻子离散。"此无他，不与民同乐也。（《梁惠王下》）

孟子说：王鼓乐于此，百姓皆有喜色；王田猎于此，百姓皆有喜色，那不是别的原因，是"与民同乐也"。所以，一个王者的娱乐生活，必须要考虑是否得到当时人民的欢喜，他的娱乐能否与民同享，得到人民的赞同，同时他是否能以人民的乐为乐，以人民的喜为喜，这才叫"与民同乐"。

这个思想孟子在见到齐宣王时做了进一步阐发。齐宣王在他的"雪宫"中接见孟子，雪宫作为别墅是王的游乐之地，故王问孟子："贤者亦有此乐乎？"

孟子对曰："有。人不得，则非其上矣。不得而非其上者，非也；为民上而不与民同乐者，亦非也。乐民之乐者，民亦乐其乐；忧民之忧者，民亦忧其忧。乐以天下，忧以天下，然而不王者，未之有也。……"（《梁惠王下》）

这里的"天下"不是指一姓的政权，而是指全体苍生百姓。一个君主，他的喜乐忧患必须是人民的喜乐忧患；不管人民的忧乐，只图享他自己的喜乐，是不对的，是不可以的，要"乐民之乐""忧民之忧""乐以天下""忧以天下"，这不仅是孟子对君主的要求，实际上也是儒家知识分子的理想价值。

因此，君主也好，个人也好，有好恶，有喜忧，是正常的；重要的是，要乐民之乐，使自己的喜同时成为民之喜，使自己的喜乐与民之喜乐同一。一个君王好货好色并不就是错误，重要的在于好货要与百姓同之，使百姓都有货；好色要与百姓同之，使百姓都有配偶。

孟子向齐宣王宣传仁政，宣王说："善哉言乎！"孟子问：既然王认为仁政很好，为什么不施行呢？

宣王曰："寡人有疾，寡人好货。"我有毛病，喜钱财。孟子说，以前西周的公刘也爱财富，但岁有积谷，年有足粮，所以老百姓都跟随他。"王如好货，与百姓同之，于王何有？"（《梁惠王下》）王曰："寡人有疾，寡人好色。"孟子对曰，从前太王也喜爱女人，在他领导下，内无怨女，外无旷夫，"王如好色，与百姓同之，于王何有？"

这里发展了孔子"己欲立而立人，己欲达而达人"的思想，把孔子的伦理思想明确发展为一种社会思想。一个君主，自己有所欲、有所好，也要使人民的欲望喜好满足；自己享有的，也要使人民都享有；反过来，自己不做人民所不喜欢的事、所反对的事。"所欲与之聚之，所恶勿施尔也。"从哲学上说，也强调了人有共同的好恶和欲求。所以我们说，孟子的这个思想叫作"以民之好恶为好恶，民之所好好之，民之所恶恶之"。后来，《大学》论"治国平天下"说：

此之谓絜矩之道，诗云："乐只君子，民之父母。"民之所好好之，民之所恶恶之，此之谓民之父母。

与《孟子》这一段说法完全一致。《大学》一书，朱子说是曾氏之传，曾子之意，门人记之，成于曾氏门人之手，子思以授孟轲。朱子此说未必确实，但从思想来看，《大学》所说比《孟子》更为集中，理论的提炼更为普遍，也可能是孟子后学所作，故与《孟子》一致。

6. 王道与霸道

说孟子思想是民本主义思想或以民为本的思想是千真万确的，"民"是孟子政治思想各个方面的出发点，在战国社会的环境下，孟子更把这种思想从成败存亡的角度加以宣传。

我们已经看到，孟子多次对梁惠王、齐宣王宣传仁政说，并反复强调"然而不王者，未之有也"。这是把仁政说成了得到人民拥护可以王天下的途径，故称"王政"。在孟子，并非为了王天下的目的而提出仁政，但认为仁政之施行确实可以王天下。这说明"王天下""一天下"已经是当时社会政治的重大论题。

"仁政"与"虐政"相对，孟子说："民之憔悴于虐政，未有甚于此时者也。"（《公孙丑上》）仁政主要是指国内之政，"王道"在精神上与仁政相同。但"王道"与"霸道"相对，不仅指国内之政，也指国家间关系的处理，或者说，仁政主要是"治国"的问题，王道还有"平天下"的问题。

孟子的重大贡献是对王、霸和"得道""失道"的区分：

> 以力假仁者霸，霸必有大国；以德行仁者王，王不待大。汤以七十里，文王以百里。以力服人者，非心服也，力不赡也；以德服人者，中心悦而诚服也……（《公孙丑上》）

霸就是春秋时做诸侯国霸主的"霸"，霸主是假借维护周天子之命行征讨之事。"王"则指以道德实行仁义。王者与霸者的依据不同，霸者一定以强大国家为基础，王者是行王道、王政者，有七十里之地即可。王者是以道德使人心悦诚服，霸者是以实力迫使人服从。故齐宣王曾问孟子："齐桓、晋文之事可得闻乎？"希望了解春秋五霸的霸业事迹，孟子断然拒绝："仲尼之徒无道桓文之事者，是以后世无传焉。"孟子建议与宣王讨论"王"的问题。

要使别的国家羡服，使天下统一，孟子认为，"莫如贵德而尊士，贤者在位，能者在职；国家闲暇，及是时，明其政刑。虽大国，必畏之矣。"（《公孙丑上》）不过这与春秋时期一般明智之士开的治国之方基本相同。又如，孟子提出五种政策：

尊贤使能，俊杰在位——士；

市，廛而不征，法而不廛——商；

关，讥而不征——旅；

耕者，助而不税——农；

廛，无夫里之布——民。

他说："信能行此五者，则邻国之民，仰之若父母矣。……如此，则无敌于天下。无敌于天下者，天吏也。然而不王者，未之有也。"（《公孙丑上》）可见孟子这里所说的是"王天下之道"，不过这几条也还都没有超出春秋智者的见识。

孟子曰："天时不如地利，地利不如人和。……故
曰：域民不以封疆之界，固国不以山溪之险，威天下不以
兵革之利。得道者多助，失道者寡助。寡助之至，亲戚畔
之；多助之至，天下顺之。……"（《公孙丑下》）

"道"就是道德原则、正义原则，"得道"就是合乎道
德原则，合乎正义原则，失道就是不合道义原则。我们知道，
春秋时是用"礼也""非礼也"作为判断道德善恶是非对错的
范畴。但是，以"失道"代替"非礼"，以"得道"代替"合
礼"，表明人们判断事物性质不再只用"礼"这一类礼仪节文
的规范，而明确用道义原则，从仪式伦理转为道义伦理。礼是
变化的，不合礼的可能合道，而失道就无可救药了。王道的核
心也仍然是仁：

孟子曰："三代之得天下也以仁，其失天下也以不
仁，国之废兴存亡者亦然。天子不仁，不保四海；诸侯不
仁，不保社稷；卿大夫不仁，不保宗庙；士庶人不仁，不
保四体。……"（《离娄上》）

孔子曰："道二，仁与不仁而已矣。"暴其民甚，则
身弑国亡；不甚，则身危国削。（《离娄上》）

而仁与不仁的直接结果是对民的态度和引起民的反应，以及"民心"。

> 孟子曰："桀纣之失天下也，失其民也；失其民者，失其心也。得天下有道：得其民，斯得天下矣；得其民有道：得其心，斯得民矣；得其心有道：所欲与之聚之，所恶勿施尔也。民之归仁也，犹水之就下、兽之走圹也……今天下之君有好仁者，则诸侯皆为之驱矣。虽欲无王，不可得已。……"（《离娄上》）

> ……行仁政而王，莫之能御也。且王者之不作，未有疏于此时者也；民之憔悴于虐政，未有甚于此时者也。……当今之时，万乘之国行仁政，民之悦之，犹解倒悬也。（《公孙丑上》）

所以，得道、得仁与得民是统一的，合乎道义仁爱的原则对政治之所以重要，是因能得道者得民心，好行仁者得民心，得民心则事可成。因此，孟子政治思想中的道义原则和仁爱原则不是抽象的东西，最终都与"民心"的得否相关联，民心的观念是孟子政治思想中对后世影响很大的观念。

二 君民论

从孟子思想来看，仁政说是其民本主义思想中一种重视民生的表达，这种民本主义不仅使孟子通过"仁政"说表达了什么是好的政治、理想的政治，还通过其他的讨论，从同样的民本立场出发，提出了君民关系、君臣关系，以及政权合法性和君主是否可诛等政治问题。另一方面，孟子的民本主义虽然充满了在虐政乱世中对民众的同情，表达了他们的要求，但并非民粹主义，他对"民"有独到的看法。故本节讲孟子的政治民本主义，与前节的经济民本主义不同。

齐国伐燕国，胜之，齐宣王问孟子：有人要我吞并燕国，有人反对；齐国以万乘之兵伐同样有万乘之兵的大国，五十天便得胜，这一定是天意；如果齐国不借此机会吞并燕国，恐怕上天会降下灾祸。孟子对曰：

> 取之而燕民悦，则取之。古之人有行之者，武王是也。取之而燕民不悦，则勿取。古之人有行之者，文王是也。以万乘之国伐万乘之国，箪食壶浆以迎王师，岂有他哉？避水火也。（《梁惠王下》）

孟子并不一般地反对征伐他国，在他看来，在周的天下之内，一个国家如行虐政，另一个国家对此虐民之国加以征讨是合理的，因为这样会受到虐民之国的人民的欢迎，把受虐的人民拯救出来。这种看法比墨子的看法高明，它肯定了一种解放战争。

> 孟子对曰："……《书》曰：'汤一征，自葛始。'天下信之，东面而征西夷怨；南面而征北狄怨，曰：'奚为后我？'民望之，若大旱之望云霓也。归市者不止，耕者不变，诛其君而吊其民，若时雨降。民大悦。……今燕虐其民，王往而征之，民以为将拯己于水火之中也，箪食壶浆以迎王师。……"（《梁惠王下》）

行仁政、行王道者征伐虐民之国，是该国人民所盼望的，如同旱地逢时雨，人民会热烈欢迎。看来孟子并无近代民族国家主权观念，认为民权即人民的选择权、生存权优先于国家之主权。

后来孟子的高足万章问孟子：宋是小国，现在将行王政，但齐楚两个大国很不高兴，怎么办呢？孟子的回答再次重复了他答齐宣王的说法：

> "汤始征，自葛载"，十一征而无敌于天下，东面而征西夷怨，南面而征北狄怨，曰："奚为后我？"民之望

之，若大旱之望雨也。归市者弗止，芸者不变，诛其君，吊其民，如时雨降。民大悦。……其君子实玄黄于篚以迎其君子，其小人箪食壶浆以迎其小人，救民于水火之中，取其残而已矣。……不行王政云尔；苟行王政，四海之内皆举首而望之，欲以为君。（《滕文公下》）

孟子甚至认为兼并另一个国家也并非绝对不可以，这取决于该国的人民是否"悦"此。

另一方面，孟子反对为争利而杀人。孟子见到梁惠王的儿子梁襄王，后者问孟子"天下恶乎定"，孟子对曰"定于一"。梁襄王又问"孰能一之"，孟子对曰"不嗜杀人者能一之"，又说："今夫天下之人牧，未有不嗜杀人者也。如有不嗜杀人者，则天下之民皆引领而望之矣。诚如是也，民归之，由水之就下，沛然谁能御之？"（《梁惠王上》）孟子认为统一是安定的前提，而不嗜杀人者才能统一天下。不嗜杀人者亦即仁人，"孔子曰：'……夫国君好仁，天下无敌。'今也欲无敌于天下而不以仁，是犹执热而不以濯也。"（《离娄上》）

孟子又说："君不行仁政而富之，皆弃于孔子者也，况于为之强战？争地以战，杀人盈野；争城以战，杀人盈城，此所谓率土地而食人肉，罪不容于死。故善战者服上刑，连诸侯者次之，辟草莱、任土地者次之。"（《离娄上》）

表面上看来，孟子对齐宣王说赞成征伐，对梁襄王又说反对善战嗜杀，似乎有矛盾之处，其实并非如此。孟子的思想仍是以"民心"为衡准。赞成征伐，是征伐虐民之国，诛其国君，解救其民；反对嗜杀，是反对为争地而征，为争城而伐，为国君的私利而杀人。所以，孟子认为"保民而王，莫之能御也"（《梁惠王上》）。主张"安天下之民"（《梁惠王下》），反对暴其民。

现在来看齐宣王与孟子的另一段对话：

> 齐宣王问曰："汤放桀，武王伐纣，有诸？"孟子对曰："于传有之。"曰："臣弑其君，可乎？"曰："贼仁者谓之'贼'，贼义者谓之'残'，残贼之人谓之'一夫'。闻诛一夫纣矣，未闻弑君也。"（《梁惠王下》）

这是一段有名的对话。在孟子看来，"仁""义"是最高的原则，任何君主都不能违反和伤害这些原则。背离乃至伤害了仁义原则的君主，可以被流放，可以被讨伐，可以被诛杀。因为君主和君权并不是最高的原则，所以对暴君进行"革命"是完全正当的。在这种思想下，不承认任何君主个人是神圣的，不承认任何一姓王朝是神圣不可动摇的，而为人民反抗暴政提供了合法性的支持。明代的专制皇帝朱元璋对孟子这种思想大为不满，删节《孟子》书，又试图贬低孟子的地位，取消其从祀地位。日本江户时代的儒者都反对孟子这一说法，拥护万世一系不可动摇的天皇制，鼓吹忠高于一切价值。这些都显示出孟子思想中仁义原则高于皇权原则的革命性和激进性格，显示出儒家左翼与封建皇权及其价值观念的紧张关系。

一次孟子到平陆，对当地长官孔距心说，战士一天之中三次失职，应当开除（"走"）吗，孔回答，不必等到三次，就会将他开除。孟子说，那么说你自己失职之处也够多了，"凶年饥岁，子之民老羸转于沟壑，壮者散而之四方，几千人矣"。孔说这不是我的能力所能防止的。孟子说："今有受人之牛羊而为之牧之者，则必为之求牧与刍矣。求牧与刍而不得，则反诸其人乎？抑亦立而视其死与？曰：此则距心之罪也。"（《公孙丑下》）

还有类似的另一个例子：

孟子谓齐宣王曰："王之臣有托其妻子于其友而之楚游者，比其反也，则冻馁其妻子，则如之何？"王曰："弃之。"曰："士师不能治士，则如之何？"王曰："已之。"曰："四境之内不治，则如之何？"王顾左右而言他。（《梁惠王下》）

这两个例子中，孟子都是把为王为牧看作一种受托的行为。牧是管理之意，古代多牧民，王者为牧。在第一个例子中，孟子把为政者比喻为"受人之牛羊而为之牧者"，就是替别人放牧牛羊的人。如果一个受人委托而为牧者，不能为牛羊找到牧场和水源，就是牧者的失职，就可以"去"之。这就是说，不能保证人民生活之温饱，而使人民饥而死者，就应该被撤职。

在后一个例子中，孟子把为政者比喻为受朋友之托而照顾朋友的妻子儿女，如果这个接受了朋友委托的人，没有尽到受托之责，而使他们挨冻受饿，这个朋友就应该和他绝交，这个为政者就应被撤换。

委托是一种义务，一种责任的转让和接受。在这里替人放牧或帮朋友照顾家小，都是采用一些具体的比喻，意在说明一个君主在位执政，有其责任和义务，这些责任和义务本质上就是一种接受委托。在这里接受谁的委托并未明示，可以是天，抑或是人民，因此，一个不能履行其受托（受天与人民之托）责任与义务的君主就是失职，就应当被撤弃，而其责任和义务的内涵主要是使人民生活温饱有教。

这就进一步涉及政权的合法性，特别是政权转移之合法性。在孟子与老学生万章之间有一段著名的对话：

> 万章曰："尧以天下与舜，有诸？"孟子曰："否，天子不能以天下与人。""然则舜有天下也，孰与之？"曰："天与之。""天与之者，谆谆然命之乎？"曰："否，天不言，以行与事示之而已矣。"曰："以行与事

示之者，如之何？"曰："天子能荐人于天，不能使天与之天下；诸侯能荐人于天子，不能使天子与之诸侯；大夫能荐人于诸侯，不能使诸侯与之大夫。昔者，尧荐舜于天，而天受之；暴之于民，而民受之；故曰：天不言，以行与事示之而已矣。"曰："敢问荐之于天而天受之，暴之于民而民受之，如何？"曰："使之主祭，而百神享之，是天受之；使之主事而事治，百姓安之，是民受之也。天与之，人与之，故曰：天子不能以天下与人。舜相尧二十有八载，非人之所能为也，天也。尧崩，三年之丧毕，舜避尧之子于南河之南，天下诸侯朝觐者，不之尧之子而之舜；讼狱者不之尧之子而之舜；讴歌者不讴歌尧之子而讴歌舜，故曰：天也。夫然后之中国，践天子位焉。而居尧之宫，逼尧之子，是篡也，非天与也。《泰誓》曰：'天视自我民视，天听自我民听。'此之谓也。"（《万章上》）

天下的改换即政权的交替，涉及的不仅是一个政权如何替换为另一个政权，一个朝代由另一个朝代接替，而且关乎一个政权、一个朝代之所以成立和久长的依据和基础是什么。

在孟子看来，一个天子不可能在这个过程中起终极作用。必须是天子荐之，天民受之。天子当然可以把一个政权交给另外一个人，但这个人能否掌握这一政权，且稳固而久长，并不是一个天子"递交"其权力这么简单。因此，终极的作用是上天和下民是否接受他，只有上天和下民接受之，这个政权才能建立并绵延久远。在这个意义上，一个君主得到政权（一姓之始）是"天与之""人（民）与之"。

"天"是一个神性的最高主宰，但在商周之际，天民合一的思想已经出现，即天意在民，民意即天意，天意把自己完全表现为民意。所以，"天不言，以行与事示之而已"，天不仅不是一个会发布命令的人格神，天也没有独立的行与事，行与事在这里只能是人民的、社会的实践和选择。因此，真正可以落实为人能掌握、能观察、能了解的，只是"暴之于民而民受之"（当然，祭祀百神而神享之，是"天受"的一个表现，但在历史上很难找到祭神而神不受享的例子）。所以，归根结底还是"使之主事而事治，百姓安之，是民受之"。孟子所举的舜的例子更完全说明，人民是否接受，是一个政权、一个人执掌政治权力的根本前提和条件。而所谓天与之，正如孟子在最后结尾处所引用的《泰誓》的话，"天视自我民视，天听自我民听"，天意是完全通过民意体现的。所以"天与之"在孟子政治哲学中因历史传统的原因只是一个超越的形式的讲法；而其内容和实质，是说政权的合法性完全在于人民的拥护、接受与否。

按照孟子的思想，他不仅认为一个君主在位时不履行其对人民的义务则可以被撤换或推翻，而且认为，没有任何东西承认一个君主的政治权力应当永远传递给他的子孙，当然也没有任何东西一定反对把君主的权力传给其子孙。换言之，孟子不承认有永远世袭的原则。在观念上，孟子认为一个君主将权力传给谁是合理的，并不是一个制度问题；孟子也不认为需要一个制度，他所诉诸的完全是一个民意的抽象原则。民意接受传子便传子，民意接受传贤便传贤。尧传舜，表示上天下民接受"与贤"的例子。例子当然可以成为一个原则，但非永久不变。禹传启的例子，表示上天下民不接受"益"，而接受"与子"。虽然孟子并没有考虑出一种可行的制度来有效地、积极地保障这一点，但其思想的价值立场和理念与近代以来人民选举政治领导的民主制度是完全可以接合的。

在孟子看来，传贤变为传子，并不是因为禹的个人德性；传子的事实被民接受，是"天与民受"的结果。孟子思想中的"天"仍然保留着一些神秘的含义，如他说：

> 舜、禹、益相去久远，其子之贤不肖，皆天也，非人之所能为也。莫之为而为者，天也；莫之致而至者，命也。
>
> 匹夫而有天下者，德必若舜禹，而又有天子荐之者，故仲尼不有天下。继世以有天下，天之所废，必若桀纣者也，故益、伊尹、周公不有天下。（《万章上》）

尧子丹朱、舜子都不好，而禹子启贤能，这都是"天"

意，不是人力所能达到的。尧、舜再贤能，也没办法让其儿子好起来。

而有德者之所以"不有天下"，首先在于，有德者要有天下，需要有前任天子的举荐，孔子没有这个条件，故不能做天子。其次，如果是一个继世的皇帝，而才德一般，天也不会废他，故有德的益、周公都做大臣。

如果天是一个有意志的人格神，我们就会问：既然上天总是眷顾下民，照顾人民的福祉，为什么上天不总是选择最有德的人做君王呢？有德者只有碰上昏庸暴虐的坏皇帝才可能推翻之而有天下，而面对继世的平庸皇帝和在世的贤明皇帝时，有德者都不会做君主。孟子可能的回答是，他所讲的天本来不是人格神，而是"莫之为而为者"，与"莫之致而至"的"命运"差不多。"天"在这里只是对"没有一个人格神造作成这个样子，但竟成了这个样子"的解释。从这里会慢慢产生"天—人"的问题，正如把这种问题放大，如果"天佑下民"，那么孟子时代到处可见而引起孟子极大关注的"饥莩遍野，老幼转乎沟壑"的情形如何解释呢？如果说这些是"人"之所为，就要区分什么是人之所为，什么是"莫之为而为者"，"莫之为而为者"就是以人之所为不能解释的超越人为的原因。孟子对周公等未做王有所不满，但没有办法，只做天意的解释；对孔子未做王亦有不满遗憾之处。

由以上所说可以看出，孟子政治思想的中心立场是民本主义，所以孟子有这样的名言：

> 民为贵，社稷次之，君为轻。是故得乎丘民而为天子，得乎天子为诸侯，得乎诸侯为大夫。（《尽心下》）

"诸侯危社稷，则变置"，"祭祀以时，然而旱干水溢，则变置社稷"，也就是说，诸侯可以改立，社稷、土谷之神可以改换，君之失职可以被撤弃，而民是不可变置的。正如孔子所说，可以去食、去兵，但民是不可去的，天子是得乎民之拥护才能成为天子的。

不过，孟子的民本主义思想并不能被理解为一种民粹主义，即把人民看成在道德上十分高尚或纯朴而赞美他们、崇拜他们。这是两回事。相反，我们看到孟子两次提到民无恒心的问题：

> 滕文公问为国。孟子曰："民事不可缓也。……民之为道也，有恒产者有恒心，无恒产者无恒心。苟无恒心，放辟邪侈，无不为已。及陷乎罪，然后从而刑之，是罔民也。焉有仁人在位罔民而可为也？……"（《滕文公上》）

孟子认为，"无恒产而有恒心者，惟士为能"（《梁惠王上》），没有固定的产业却能有稳定的道德观念，只是士可以做到；一般的人民有固定的产业就会有稳定的心态，如果失去了固定的产业，或根本没有固定的田产，就不可能有恒心，就会违法乱礼，无所不为，甚至犯罪受刑。但是，这并非人民的罪过，因为政府和君主不能制民之产，使其有稳定的生活保障和生产收入。凡不能保障人民有稳定的产业而导致人民犯罪的，实际上是"罔民"者，即陷害人民的人。不去解决人民的恒产问题，只想用道德教化的方法去使人民有恒心，也是办不到的。而这恒产是属民所私有的，不能以公有来保证恒心。可见孟子在政治实践上把制民之恒产看成了最基本的问题，有了恒产，才能谈得上秩序、教化。

一个士无恒产亦可有恒心，因为他是先觉者。而先觉者的义务是觉后觉者，孟子借伊尹口说："予，天民之先觉者也；予将以斯道觉斯民也。非予觉之，而谁也？"并评价道："思天下之民，匹夫匹妇有不与被尧舜之泽者，若己推而内之沟中。其自任以天下之重如此。"（《万章上》）

在孟子政治思想中，有关君主的问题，孟子一贯都是以要求君主增进德行、正心诚意来解决。孟子对齐宣王说，卿有两种，贵戚之卿和异姓之卿：

王曰："请问贵戚之卿。"曰："君有大过则谏；反复之而不听，则易位。"王勃然变乎色。曰："王勿异也。王问臣，臣不敢不以正对。"王色定，然后请问异姓之卿。曰："君有过则谏，反复之而不听，则去。"
（《万章下》）

公孙丑曰："……其君不贤，则固可放与？"孟子曰："有伊尹之志，则可；无伊尹之志，则篡也。"
（《尽心上》）

与王族同宗的公卿可以在君王反复受谏不听的情形下将他废弃，改立新君；而非王族的公卿大臣在君王有错时亦必须劝阻，如果君王不听，则离职而去。无论如何，臣对君没有永远服从的义务，反而臣有谏君之过的义务，以及在君王不听的情况下离职的义务，而王族大夫则可以废弃君位。"无罪而杀士，则大夫可以去；无罪而戮民，则士可以徙。"（《离娄下》）无论哪一种情况，臣都有其独立的人格。

在孟子时代，君臣之间的义务、规范日益成为关注的焦点，其背景当然是春秋战国政治秩序失调、君臣关系常常出问题所致。孟子主张交互义务论：

孟子告齐宣王曰："君之视臣如手足，则臣视君如腹心；君之视臣如犬马，则臣视君如国人；君之视臣如土芥，则臣视君如寇仇。"（《离娄下》）

三　性善论

1. 四端说

现在让我们来看孟子对仁政之所以可能所做的心性论论证。

孟子主张仁政，保民而王，他与齐宣王有对话如下：

> 曰："若寡人者，可以保民乎哉？"曰："可。"曰："何由知吾可也？"曰："臣闻之胡龁曰，王坐于堂上，有牵牛而过堂下者，王见之，曰：'牛何之？'对曰：'将以衅钟。'王曰：'舍之，吾不忍其觳觫，若无罪而就死地。'对曰：'然则废衅钟与？'曰：'何可废也？以羊易之。'不识有诸？"曰："有之。"曰："是心足以王矣。百姓皆以王为爱也，臣固知王之不忍也。"（《梁惠王上》）

齐王不忍见牛之觳觫，孟子指出这就是"仁术"，是齐王可以发政施仁、保民而王的基础。孟子后来进一步将此概括为普遍的命题，即孟子在这里提到的"不忍"之心，并非偶然指点齐王才使用的，而已经成为他的仁政说的一部分，他自己就把仁政称为"不忍人之政"。他曾说："既竭心思焉，继之以不忍人之政，而仁覆天下矣。"（《离娄上》）他更明确说明不忍人之心与不忍人之政的关系：

> 孟子曰："人皆有不忍人之心。先王有不忍人之心，斯有不忍人之政矣。以不忍人之心，行不忍人之政，治天下可运之掌上。……"（《公孙丑上》）

对"仁政如何可能"这一问题，孟子是用"人皆有不忍之心"来回答的。这就是说，仁政本质上是不忍人之政。人皆有不忍之心，君主亦有不忍之心，有不忍之心即可行不忍之政，不忍之心是使仁政得以实现的基础和前提。

为什么这么说呢？孟子认为，"君子之于禽兽也，见其生，不忍见其死；闻其声，不忍食其肉。"这就是一种不忍之心，是仁之表现。一个君主只要把这种心推广于民，不忍人民饥寒死亡，就自然会行仁政了。既然齐王"恩足以及禽兽，而功不至于百姓"，即其不忍之心只及于禽兽，而未及于百姓，就无法施行仁政。所以有不忍之心只是基础，仁政的实现还要以不忍于禽兽之心为基础加以"推广"：

> 老吾老，以及人之老；幼吾幼，以及人之幼。天下可运于掌。……故推恩足以保四海，不推恩无以保妻子。古之人所以大过人者，无他焉，善推其所为而已矣。今恩足以及

禽兽，而功不至于百姓者，独何与？（《梁惠王上》）

齐宣王不忍之心及于牛羊，而未及于百姓，是他未能"推恩"。如果善于推此及彼，把不忍于牛羊的仁心推及于人民百姓，把自己对吾老吾幼的爱心推及于人老人幼，这就是仁政，就可以保四海、保民而王了。

正是为了论证仁政之可能，孟子提出了以不忍人之心为首的"四心"说。他曾先论证何以说人皆有不忍人之心：

> 人皆有不忍人之心。先王有不忍人之心，斯有不忍人之政矣。……所以谓人皆有不忍人之心者，今人乍见孺子将入于井，皆有怵惕恻隐之心——非所以内交于孺子之父母也，非所以要誉于乡党朋友也，非恶其声而然也。由是观之，无恻隐之心，非人也；无羞恶之心，非人也；无辞让之心，非人也；无是非之心，非人也。恻隐之心，仁之端也；羞恶之心，义之端也；辞让之心，礼之端也；是非之心，智之端也。人之有是四端也，犹其有四体也。有是四端而自谓不能者，自贼者也；谓其君不能者，贼其君也。凡有四端于我者，知皆扩而充之矣，若火之始然，泉之始达。苟能充之，足以保四海；苟不充之，不足以事父母。（《公孙丑上》）

四端为人生而有之，如同四肢一样。人要自觉"知"其有此四端，而加以"扩充"，如不扩充，不足以事父母；如扩充推广，就可以老老幼幼，保民而王。故四端是论证人为善、为仁、行不忍之政的可能性，所以，孟子是用人生而皆有四端、四心来论证仁政之所以可能，即仁政的基础。可见，孟子思想不是只讲内圣，其重心反而是外王。但他的外王不是制度性的思考，而是在民本主义立场上对仁政的呼吁，而四心—四端说乃是为这一呼吁服务的，至少在发生学上是如此。

2. 性善说

历史上是谁第一个提出"性善还是性恶"的问题？已无可考。

四端之心从何而来？孟子的回答是善性。故后人说孟子"道性善，言必称尧舜"。

从仁政说的角度来看，孟子是不能赞成性恶论的，如果人性恶，则仁政就没有了基础。但孟子的人性思想不完全是为论证其政治主张而提出来的。在孔子以后、孟子以前的儒家中已经在讨论人性问题。孟子同时的儒者如告子等也都很注重人性论，但这些孔门的人性讨论多只与礼乐文化和个人人格有关，无法论证政治设计。孟子的人性论在论证其政治思想的同时，也是在与其他不同人性论的争辩中形成的，其中主要的对手是告子。

在《孟子》书中有《告子》上下两篇，告子的观点有五种说法：

1.性犹材料，仁义为制成品，故不可以人性为仁义。

2.性如流水，可东可西，故性无分善与不善。

3.生之谓性，后天人伪者不是性。

4.食色，性也。

5.性无善无不善也。（公都子所称引）

告子的思想很明显是针对"以善论性"和"以仁义为性"的说法。"生之谓性"说是指天生而自然的即是性，在类型上可以归到性犹材料一类。"食色，性也"与"性如流水"一致，亦说明食色本身无分善恶，但可善可恶，如水可东可西。所以告子是以食色等生而自然的属性为人性，认为此种性既如材质，又如流水，可以塑造，可以引导至善，但其本身无分善恶。

孟子对这些说法都予以反驳，在这些反驳中也显示出他的性善说的立场。

对第一个观点，孟子认为，如果性是柳木，仁义是杯盘，你怎么把材料加工成成品呢？是照材料之性而制成成品，还是逆伤材料之性制成成品？如果是后者，那就意味着要毁伤人的材性来造成仁义，这是不能成立的。这很强辩。告子并没有主张要毁伤人之本性或逆人之本性来成就仁义，再说，材料之性如何毁伤，人之性如何毁伤，这些问题并不是真问题。

虽然从孔子到孔门弟子都未提出性善论，但对于仁之发政施仁的仁政说及其实践基础而言，性善说无疑是一个合乎儒家逻辑的较好选择。

对于第二个观点，孟子提出，水之性诚然不分东西，决诸东则东流，决诸西则西流，但水之性难道也无分于上下吗？水之性"就下"而非"行上"，这说明水之性是有定向的。人也如此，人之性无有不善，如水之性无不就下；人之不善是形势使然，正如水性本来向下，但如果拍激它，它也会跳起来。

此论辩还是有力的。事实上告子亦非讨论水有没有性，水性如何，只是说人性无分于善与不善，如同水之无分于东与西，孟子归其说为性无定向。

对于第三个观点，"生之谓性"，告子并未充分展开。究竟什么叫生之谓性？古代"生""性"两字相通，看起来告子是用文字来论证，说明性者生也，即生而自然者是也。什么是生而自然者呢？告子在此尚未说明。孟子马上反驳说，如果说生之谓生（凡天生的即性），是不是也可说白之谓白？生之谓生对白之谓白？告子说可以。孟子说，那么白之谓白，是说白就是白，不管质料，白羽之白和白雪之白、白玉之白是一样的。告子也肯定。孟子说，那么生之谓生也应当指，狗之性、牛之性和人之性也是相同的了？书中未记载告子有何回答，观其书大概告子未能答。孟子这个反驳也很有哲学机智，即使告子不肯定生之谓性犹白之谓白，孟子也可以提出，如果以"生而自然者"定义性，那么牛之性、马之性、人之性都是生而自然的，是否相同呢？告子如果不同意，仍然可以说牛马之生而自然者与人生而自然者不同。

这就涉及人的"生而自然者"是什么，以及与牛马等禽兽"生而自然者"相同或不同的重要问题了。告子第四个观点论"食色，性也"。看起来告子认为人生而自然者即食、色，故告子可以说是把食色本能和欲望作为人性的内涵。孟子对"食色，性也"这一命题并未提出正面反驳，这意味着孟子也承认此为人性的一部分。

以上四点都表达了告子主张，即性为生而自然的本能、属性，无分于善恶；也可以说都是告子性无善恶思想的不同表现。告子的人性观，从正面说，主张生之自然者谓性；从反面说，是反对孟子思想，主张性非善非恶。由此可见，孟子时代的人性问题包含着两个相区别的疑问，也就是"何者为性"和"性为如何"，前者是人性的定义内涵，后者是人性的评估（善恶）。

所以，公都子说："告子曰：'性无善无不善也。'或曰：'性可以为善，可以为不善。是故文武兴则民好善，幽厉兴则民好暴。'或曰：'有性善，有性不善；是故以尧为君而有象，以瞽瞍为父而有舜……'今曰'性善'，然则彼皆非与？"（《告子上》）这里一方面提出对人性的评估，而没有关注性概念的内涵；另一方面关注人性和社会环境的关系，探讨性究竟是否受社会政治环境影响。第一个"或曰"认为人性完全随环境影响而变化，第二个"或曰"认为有的人性受环境影响，有的人性不受环境影响。

看来，孔子之后，孔门有关人性的说法迭出纷纭。

> 周人世硕，以为人性有善有恶，举人之善性，养而致之则善长；恶性，养而致之则恶长。……宓子贱、漆雕开、公孙尼子之徒亦论情性，与世子相出入，皆言性有善有恶。（王充《论衡》）

可见，战国时代主流的人性论是"性有善有恶"。孟子的人性论是少数派。

我们可以把这些讨论总结为以下问题：

人性是单一的吗？　世硕：性非单一，每个人的人性都包含善恶两方面。

人性是恒定的吗？　或曰：是变化的，文武兴而民好善，幽厉兴则民好暴。

人性是普遍（统一）的吗？　或曰：有人性善，有人性不善，不随社会而变化。

人性只有善恶两个选项吗？　告子曰：无善无不善。

我们可以说，告子、世硕、或曰等的人性论，在理论上、逻辑上，都可以看作性善说的对反。

如果从性的善恶来看各种说法，则可以排列为以下七种：

人性善 A　孟子

性有善有恶 B　世硕

性非善非恶 C　告子、公孙尼子

有性善有性恶 D　宓子贱，或曰3

性随社会而善恶 E　漆雕开，或曰2

性恶非善 F　荀子

好恶为性 G　乐记

以上七种人性善恶说，是从逻辑上列比，并不是说在发生学的历史意义上必然如此。由此也可看出，性善论是少数，非性善论是多数。[1]

上面是从"性之善恶"即性之评估分别论述。接下来我们从正面探讨"什么是性"：

1. 生之谓性说

2. 性犹材质说

3. 性是好恶情欲（"食色，性也"）

4. 性是道德本性（"四端""四心"）

我们可以在理论上推测，有关人性善恶的问题，应是在战国前中期由孟子学派最先提出性善说的命题，而后引起各种不同的反应，因为这些人性论都是性善论的对反。这些观点约与

---

[1]　似可说非性善论是儒家当时的主流主张。

孟子同时，故所谓"而后"并非指经过一个很长的时间，可能在一代人的时间内，各种不同的人性善恶说都被提出来了。孟子思想是正题，其他各说都是反题，此后儒家的性说就完全在善恶论的框架中变化发展，故孟子可谓提出了一个新的典范。

从哲学上看，这些讨论至少涉及如下有关人性哲学的许多问题：

1. 人性概念的定义

2. 人性的内涵

3. 人性的道德特性

4. 人性是人为普遍统一的，还是个体差异的？

5. 人性是恒定不变的，还是可变的？可变的因素为何？

6. 人性是单一的，还是复合的？

7. 人性与其他生物之性是同是异？

从孟子反驳告子的五点来看，他主张人性是有定向的，如水之就下。人性是与犬牛动物之性不同的，是人特有的。而孟子并未一般地反对生而自然者为性这一定义，也未明确反驳"食色，性也"的命题，换言之，孟子也承认性的本义是指生而具有的，不依赖于经验学习，感性需求与生理本能也是人性的一部分。

现在我们回到《孟子》来看孟子的思想，孟子共有四个论证。

孟子回答公都子有关性善论与各种非性善论的不同时，提出的第一个论证是——可以为善的论证。性善是指人所以能为善的根据，"乃若其情，则可以为善，乃所谓善也，若夫为不善，非才之罪也。"可见孟子也用"才"即材质表示"性"。孟子认为人能够为善，这一事实本身就证明性善，也就是说，性善是指人的为善之所以可能的根据和能力。从"人能为善"推出性善，那是否从"人能为恶"也可推出性不善呢？孟子认为人为不善，不能归因于其本性：

　　孟子曰：富岁，子弟多赖；凶岁，子弟多暴，非天之降才尔殊也，其所以陷溺其心者然也。（《告子上》）

　　也就是说，丰年少年赖作，灾年少年强暴，这些所为不善，不是天生的才质不同，而是环境造成了他们内心的变化。孟子这个说法，似是对公都子所说第二种"性可以为善，可以为不善"的一种讨论。按照公都子的第二种看法，人性不是不变的，可以使人为善，也可使人为不善，要看他的外在环境。"是故文武兴则民好善，幽厉兴则民好暴"，文武时民好善，并非其性是恒定不变的善；幽厉时民好暴，并非其性是恒定不变的恶，因为性有为善为不善的可能性，故人的道德状况需视环境而决定。孟子也承认环境的作用，但坚持人性是人为善或使人为善的内在动因和根据。虽然在哲学论证上有漏洞，但其立场很明确。

再来看孟子的第二个论证——仁义固有的论证。

> 孟子曰："乃若其情，则可以为善矣，乃所谓善也。若夫为不善，非才之罪也。恻隐之心，人皆有之；羞恶之心，人皆有之；恭敬之心，人皆有之；是非之心，人皆有之。恻隐之心，仁也；羞恶之心，义也；恭敬之心，礼也；是非之心，智也。仁义礼智，非由外铄我也，我固有之也，弗思耳矣。故曰：'求则得之，舍则失之。'或相倍蓰而无算者，不能尽其才者也。……"（《告子上》）

第一个论证只是抽象地从人可为善肯定其性善，第二个论证便更具体化了。人之所以能为善，是因为人皆有仁义礼智四种心，这四种心不是从外部得来的，而是每个人所固有的。人固有此四心，是人为善的根据，所以说性善。同理，如果我们在经验上也找到天生固有的情欲等心，我们是否也应把人性论建立在天生固有的情欲上呢？荀子正是如此，所以在哲学上荀子与孟子的思路、论证是一致的。而孟子却反对把不善归之于天生固有的趋利遂欲之心，而认为不善是因为人未能"尽"其本性，尽即充分实现之。人要认识到自己性本善，只有"思"。不能思，不能求，不能尽，故有不善。这个论证在先验性上做了肯定，但不是很强势。"四心"本来是论证仁政的，这里的"四心"已脱离了对仁政说的论证，说明"四心"

说有两个功能。而此说"尽其才",与"扩充论"不同,"尽其才"即实现其本身固有的东西。

孟子的第三个论证是有关"心有同然"的论证。

> 故凡同类者,举相似也,何独至于人而疑之?……屦之相似,天下之足同也。……至于味,天下期于易牙,是天下之口相似也。惟耳亦然……是天下之耳相似也。惟目亦然……故曰:口之于味也,有同耆焉;耳之于声也,有同听焉;目之于色也,有同美焉。至于心,独无所同然乎?心之所同然者何也?谓理也,义也。圣人先得我心之所同然耳。故理义之悦我心,犹刍豢之悦我口。(《告子上》)

这只是论证了人性皆同,心有同然,并不能在根本上论证性善。孟子认为人类心有同然就是同有理、义,这只是他的观点,并未很好地进行论证。心之同然,不等于天生如此;荀子亦以为人有同心,但认为是环境和教育使然。

孟子在这里是说人与人本性相同,我们与圣人的本性也相同,故"人皆可以为尧舜"(《告子上》)。经验显示,人类对美味、美声、美色有共同的喜好,这表示人的五官所好求的对象标准是一致的,人在审美方面有共同的标准和判断,因此,人在道德上、在心官上对好求对象的标准和判断也应是一致的。心之所同然也就是圣人所讲的理、义。圣人与我们本性相同，易牙、师旷只是先得我心罢了。为什么易牙认为好的大家都爱吃，师旷认为美的大家都爱听，也是因为大家同有此心，故追随他们。

另一段在前面讲仁政时引用过的文字，也与第二个论证有关：

> 孟子曰："人皆有不忍人之心。……所以谓人皆有不忍人之心者，今人乍见孺子将入于井，皆有怵惕恻隐之心……由是观之，无恻隐之心，非人也；无羞恶之心，非人也；无辞让之心，非人也；无是非之心，非人也。恻隐之心，仁之端也；羞恶之心，义之端也；辞让之心，礼之端也；是非之心，智之端也。人之有是四端也，犹其有四体也。……"（《公孙丑上》）

"人之有是四端也，犹其有四体也"，即"非由外铄，我固有之"。

孟子的论证主要是这三个论证，现在再来补充一些，有关"仁义、良知、良能"。孟子还说过"普遍固有"，这可以作为第四个论证。

> 人之所不学而能者，其良能也；所不虑而知者，其良知也。孩提之童，无不知爱其亲者，及其长也，无不知敬

其兄也。亲亲，仁也；敬长，义也；无他，达之天下也。（《尽心上》）

第二个论证强调人皆有之，第四个论证强调生而有之。这一段看起来与性善说无直接关系，但实际上可以看作"仁义礼智非由外铄，我固有之"的补充。值得注意的是，良知良能也属生而自然，亦可谓"生之谓性"。孟子认为人都有良知良能，所谓良知良能在这里并不是指生而不学不虑的东西，而是指道德的良知良能，如小童皆知爱亲敬兄，则仁义为不学而知的良知。所以他说"仁义忠信，此天爵也"（《尽心上》）。

上面是孟子对性善说的论证。孟子对其他有关人性问题的看法如何呢？首先，孟子认为人之性与其他动物之性是不同的。他认为"凡同类，举相似也"，但不同类的事物其性就不同了，"其性与人殊"，"若犬马之与我不同类也"，说明人与犬马不同类，性也不同。所以，性对人类而言，是普遍相同的，不存在个体差异。同时，孟子也不认为人的性是可以改变的，如果一个人的性可以改变，就与性善论的前提不合，也与同类同性的前提不合了。最后，孟子的性善论认为人性的内涵就是单纯的善，其中并没有恶的成分。

现在再回过头来看孟子的人性概念及其内涵。孟子并没有根本反对性是生而自然者的传统观念；同时他也没有正面反驳告子"食色，性也"的说法，但孟子不强调这一点。他甚至说过："形色，天性也，惟圣人然后可以践形。"（《尽心上》）在《尽心下》中我们读到：

> 孟子曰："口之于味也，目之于色也，耳之于声也，鼻之于臭也，四肢之于安佚也，性也，有命焉，君子不谓性也。仁之于父子也，义之于君臣也，礼之于宾主也，知之于贤者也，圣人之于天道也，命也，有性焉，君子不谓命也。"

> 君子所性，虽大行不加焉，虽穷居不损焉，分定故也。君子所性，仁义礼智根于心……（《尽心上》）

杨伯峻注以色为美色，味为美味，声为美乐，臭为芬芳，比之于孟子自己所用的"四肢之于安佚"，是正确的。这就是说，孟子不反对对美味、美色、美乐、芬芳的喜好，对安逸的追求，这是人之天性，是生来如此。但君子不把这些当作"性"（性即自然合理的内在要求），正如他承认，口之于味有同好者，耳之于声有同听者，目之于色有同美焉，但他并不把人人皆同共有的感性欲望和感性审美当作"性"。所以孟子的逻辑是："口之于味有同耆焉，耳之于声有同听焉，目之于色有同美焉，此三者所同然者，君子不谓性也。"独以心之所同然者为性。此心之所同然，不是指感性欲望之同然，感性审美之同然，而是指心对是非善恶的感知判断之同然。由此可见，孟子所说的"性"是专指人的道德感知与判断能力而言，是一个纯粹伦理学的概念。人性本指人的本质、特性，孟子的人性特指人的道德本质与特性，而不考虑生理本质与生物特性，而此种人性正是人与禽兽不同之所在。孟子承认有两种性的概念，一是欲望，二是道德本性；故孟子的人性论是一种"君子谓性"论，是在君子的特殊立场上讲的。

这个论证涉及良心的问题。不过孟子对"良心"的先验性论证较少，在告子等人看来，也许人人皆有的良心是从经验来的。

是非之心是对事物正确与否的道德评价，对于人人皆有的四端、四心，孟子虽未称为良心或良知，但内涵确实是一致的。"良心说"认为，我们人人都有道德评断的能力，这种能力是一种天赋。孟子虽然没有证明他的良心说是"理性直觉论"，还是"感情直觉论"，或是"知觉直觉论"，从他说"理义之悦我心，犹刍豢之悦我口"来看，他应当不属于理性直觉论。理性论者认为，良心是直接认识道德原则的理性，可以直觉认识那些普遍必然的道德原则。感情直觉论则认为，良心是通过感情和知觉得知的，而认识的是一个个特殊的行为和境遇是否正当。像沙甫慈伯利就认为，人有"天生仁爱的或社会的感情"，此种道德感，是对是非的感觉，也是理性生物的自然本性。哈奇森也说过："天赋的道德感不是像理性论者的良心那样从自身推出普遍命题，而是像眼睛感知光明和黑暗一样感知德性和邪恶。"（梯利，《伦理学概论》，中国人民大学出版社，第24—25页）毫无疑问，孟子思想远没有陷入理性、感情、知觉的争论，他只肯定地宣示四端之心是天赋的，至于它们是理性、感情还是知觉，或三者皆有，并非他的注意所在。西方有学者还区分了普遍之良心与特殊之良心，后者指特定个人之良心，时或有误；而一般直觉论所谓的良心是指前者。

事实上，在孔子讲"己所不欲，勿施于人""己欲立而立人，己欲达而达人"时，已经预设了人们是心同此理的。但孔子讲得比较直接的好恶，并不包括对是非善恶的判断；且孔子并没有把人同此心的同然单独提出来，看成先于经验的普遍的东西。

最后来看孟子在性善论中如何处理"恶"的产生问题。

孟子关于性善条件下如何会产生恶，有不同的讲法，但精神是一贯的。

（1）弗思其心，不尽其才

> 仁义礼智，非由外铄我也，我固有之也，弗思耳矣。故曰："求则得之，舍则失之。"或相倍蓰而无算者，不能尽其才者也。（《告子上》）

人皆有仁义礼智，此可由人皆有恻隐、羞恶、辞让、是非之心而见之。常人认为自己并无仁义礼智，那是"弗思耳矣"，没有思考求索罢了。人与人之间会相差几倍，原因就是在许多人不能"尽其才"。这里的才就是性，不能充分发挥、体现他们的本性。

孟子还说："欲贵者，人之同心也。人人有贵于己者，弗思而矣。人之所贵，非良贵也。"（《告子上》）人人有贵于己者，是说每个人自己都有可贵的东西，别人认为宝贵的，不一定是真正值得尊贵的。人之所以不能认识到自己拥有可贵的东西，也是因为"弗思"，没有反躬验之于自己的心。

（2）放其良心

孟子曰："牛山之木尝美矣，以其郊于大国也，斧斤伐之，可以为美乎？是其日夜之所息，雨露之所润，非无萌蘖之生焉，牛羊又从而牧之，是以若彼濯濯也。人见其濯濯也，以为未尝有材也，此岂山之性也哉？虽存乎人者，岂无仁义之心哉？其所以放其良心者，亦犹斧斤之于木也，旦旦而伐之，可以为美乎？其日夜之所息，平旦之气，其好恶与人相近也者几希，则其旦昼之所为，有梏亡之矣。梏之反复，则其夜气不足以存；夜气不足以存，则其违禽兽不远矣。人见其禽兽也，而以为未尝有才焉者，是岂人之情也哉？故苟得其养，无物不长；苟失其养，无物不消。……"（《告子上》）

这就是说，人人有四端、仁义之心，亦即良心。但人"放其良心"，即不事保养而导致了良心的迷失。这好像山上的树木本来郁郁焉，人伐之，牛牧之，是以树木都不见了。山上的树木被伐被吃，人们就以为此山本来无树木；人的仁心被放来放去，好像没有了，人们就以为人本来无仁义之心，无善性，这都是不对的。原本有的东西，不保养它，就会消失，保养它就会生长。所以恶是人不能保养其仁义之心、放其良心、任凭其良心被侵蚀而造成的。

> 放其心而不知求，哀哉！人有鸡犬放，则知求之，有放心而不知求。（《告子上》）

人有鸡犬丢失了，便晓得去寻找；自己的良心丧失了，却不能求回来，这是可悲的。

（3）陷溺其心

> 孟子曰："富岁，子弟多赖；凶岁，子弟多暴，非天之降才尔殊也，其所以陷溺其心者然也。今夫麰麦，播种而耰之，其地同，树之时又同，浡然而生，至于日至之时，皆熟矣。虽有不同，则地有肥硗，雨露之养、人事之不齐也。……"（《告子上》）

孟子举例说，麦种都一样，如果地力同、时节同、人工同，收获时就一样。如果不一样，就是因为地力、时节、人事都有不同。用来比喻人性本同，但人性成长、发挥的条件不同，就会在人格结果上有不同。坏的环境会"陷溺其心"，使人表现不出仁义之心，也表现不出本性之善。本来人的天性都相同，环境陷溺其心，导致人的行为善恶的不同。

四　仁义论

对于道德原则，孟子继承了孔子的思想，提出：

1. "仁者以其所爱及其所不爱，不仁者以其所不爱及其所爱。"（《尽心下》）

所爱即所好所欲。以己立而立人，也是孟子所说推恩之意（"老吾老以及人之老，幼吾幼以及人之幼"），这是说仁者把自己喜欢的东西使他不喜欢的人也能得到，而不仁之人不仅不能像仁人那样做，反而把自己所不爱的东西加诸与他亲近的人。如梁惠王因土地之故驱其所爱子弟以殉之，这就是爱的扩大与不爱的扩大。

> 孟子曰："人皆有所不忍，达之于其所忍，仁也；人皆有所不为，达之于其所为，义也。人能充无欲害人之心，而仁不可胜用也；人能充无穿逾之心，而义不可胜用

也；人能充无受尔汝之实，无所往而不为义也。……"
（《尽心下》）

以其所不忍达之于其所忍，就是以对牛的不忍推广于所忍的羊等，也就是上面所说以其所爱及其所不爱，这就是仁者的态度。人不只有所不忍，有所爱，也有所不为，有所恶。以其所不为，达其所为，如人不会伤害自己的家人，也应不伤害他人。所以：

仁者以其所爱及其所不爱，勿以其所不爱及其所爱——己欲立而立人；

义者以其所不忍达于其所忍，以其所不为达于其所为——己所不欲，勿施于人。

这两组命题与孔子的忠恕一贯之道颇相类似。

"有所不为"是自己对自己的道德上的限制，道德的本质就是一种限制。有所不为表示自己在行为上有道德划定的限制，是自己不屑于做的事和不会逾越的界限。"有所"，表示这些界限只用于某些对象，而非普遍。这就是义。

平心而论，还是孔子的话更好、更清楚，孟子的话多少需要注释。

从"有所不为"，孟子进一步阐发了道义原则：

孟子曰："鱼，我所欲也，熊掌，亦我所欲也。二者不可得兼，舍鱼而取熊掌者也。生，亦我所欲也。义，亦我所欲也。二者不可得兼，舍生而取义者也。生亦我所欲，所欲有甚于生者，故不为苟得也。死亦我所恶，所恶有甚于死者，故患有所不辟也。如使人之所欲莫甚于生，则凡可以得生者，何不用也！使人之所恶莫甚于死者，则凡可以辟患者，何不为也！……"（《告子上》）

这说明，在道德选择上，欲恶原则之不可行。欲恶即好恶，人的道德选择就是要在各种欲恶中进行选择，在这样的情况下，欲恶本身就不能作为标准，而必须在欲恶之外来建立标准。孟子这里指的是善恶的价值观。

由是则生而有不用也，由是则可以辟患而有不为也，是故所欲有甚于生者，所恶有甚于死者。非独贤者有是心也，人皆有之，贤者能勿丧耳。（《告子上》）

"贤者能勿丧耳"，即能不失其本心。

现在来看孟子对仁学的发展。首先孟子继承了孔子的思想。

2. 孟子曰："仁也者，人也。合而言之，道也。"（《尽心下》）

这与《中庸》引孔子答哀公问"仁者，人也，亲亲为大；

义者，宜也，尊贤为大"是一样的，《表记》引"子曰"也说："仁者人也，道者义也。"孟子进一步说仁与人合而言之为道，意味着仁即人道，这是对孔子思想的进一步发展。孟子继承了孔子，也主张"仁者爱人，有礼者敬人"（《离娄下》）。同时又指出："仁者无不爱也……尧舜之仁不遍爱人，急亲贤也。"（《尽心上》）

仁普遍地爱一切，尧舜之仁未能遍及一切人，是因为有时急于亲近贤者。仁者无不爱表明孟子绝不反对爱及一切人，如果因为孟子批评墨子，而否认孟子也承认爱应当"遍爱人"，则是片面的。这个思想也是从孔子来的，把孔子的"爱人"发展为"遍爱人"。但是普遍原理与实践原则有不同，实践可以有当务之急。

> 孟子曰："仁之实，事亲是也；义之实，从兄是也……"（《离娄上》）

虽然仁之爱是普遍的，但其切近的实践和体现，是侍奉双亲，这是从普遍到具体。从特殊到普遍亦有之：

> 孩提之童无不知爱其亲者，及其长也，无不知敬其兄也。亲亲，仁也；敬长，义也。（《尽心上》）

《礼记·哀公问》中，孔子对曰："仁人不过乎物，孝子不过乎物。是故仁人之事亲也如事天，事天如事亲。"

《中庸》引"子曰"："仁者人也，亲亲为大。"也是说"仁"的大事是亲亲，亲亲是仁的主要意涵之一。

3. 孟子对仁的发展，除了"遍爱人"外，还有"爱物"说：

> 孟子曰："君子之于物也，爱之而弗仁；于民也，仁之而弗亲。亲亲而仁民，仁民而爱物。"（《尽心上》）

亲、仁、爱都是爱，亲是亲爱之，这是对亲人的有亲情的爱。仁是仁爱之，是对人道的普遍的爱。爱物之爱则是对一切存在物的爱惜爱护。这个命题就把"仁"变成了不仅是一个人道的原则，而且是一种存在态度，一种哲学的态度。亲亲—仁民—爱物，是把"仁"变成对家庭—社会—自然（宇宙）采取统一的态度。一个君子对这三种面向的态度有所差别，否则就没有必要区别亲—仁—爱了，但对这三种面向的态度又有内在一致性，这就是仁的统一性与扩展性。

4. 孟子对孔子仁说的又一个发展，是提出仁心内在说。他认为亲亲之心、恻隐之心都是人的仁心，而仁心"非由外铄我也，我固有之也，弗思耳矣"。

仁是天生自然具有的，代表人的本性。孟子虽然没有说仁是人性，但他的性善说从恻隐之心立场论证，可以说内在地包含了仁是人性的观点。因为仁是天赋的本性本心，所以孟子称之为"天爵"：

> 夫仁，天之尊爵也，人之安宅也。（《公孙丑上》）
>
> 有天爵者，有人爵者。仁义忠信，乐善不倦，此天爵也；公卿大夫，此人爵也。（《告子上》）

天爵意谓天赋予人的宝贵之物，仁是天赋的尊爵，故"人人有贵于己者"。仁不仅是人的德性、道德原则，而且是人先验固有的本性和本心。这样的仁被心性化了。

此外，对仁的发明还有"仁为安宅说"及"以仁存心"说，我们在后面讨论仁义和修身工夫时再谈。总的来说，孟子把孔子之"仁"一方面普遍化，是为一切人和一切物；另一方面内在化，使之成为人的心性本质。

5. 仁义对举论

现在来看孟子思想中对仁义的对举和讨论。孔子未曾以仁义对举，但孟子以前的儒门著述已将仁义对举。孟子对此做了进一步的发展，一方面以仁义连用，仁义对举；另一方面把仁义礼智四者连用对举。

孟子把仁与义作为最重要的两个道德范畴。

王子垫问曰："士何事?"孟子曰:"尚志。"曰:
"何谓尚志?"曰:"仁义而已矣。杀一无罪,非仁也;
非其所有而取之,非义也。居恶在?仁是也。路恶在?义
是也。居仁由义,大人之事备矣。"(《尽心上》)

孟子曰:"仁,人心也;义,人路也。舍其路而弗
由,放其心而不知求,哀哉!"(《告子上》)

仁是人生信念,路是行为原则;前者是内心,后者是行
为。孟子的说法是一种心—行二元说。

孟子更喜欢用"安宅、正路"说:

仁,人之安宅也;义,人之正路也。旷安宅而弗居,
舍正路而不由,哀哉!(《离娄上》)

无论是人心人路说,或安宅正路说,都是为了突出仁和义
是最重要的。仁代表本心,义代表正道;仁代表固有的道德意
识,义代表所有的道德原则和行为规范。

为了突出仁与义,孟子把礼、智、乐都说成仁义的不同
表达:

孟子曰:"仁之实,事亲是也;义之实,从兄是也;
智之实,知斯二者弗去是也;礼之实,节文斯二者是也;

乐之实，乐斯二者……"（《离娄上》）

孟子认为，仁、义、礼、智、乐五德中，仁义有独立的道德意义，是主要的。智就是去知晓了解仁与义，礼就是对仁与义加以调节，乐就是从仁义两者中得到快乐。这无疑突出了仁义的地位。孔子只是突出仁，孟子继承孔子仁学的同时，更重视"义"的原则。如果说仁更多代表的是仁爱的原理，义显然更多代表正义、道义的原理。后者也常常用"礼义"来表达。孟子思想的一个贡献是对"义"的重视，并把义提升到与仁并立的地位。

告子曾提出仁内义外说，认为道德有两种：一种是仁心，是人自发的内在感情，如亲亲；另一种是义心，这不是从内心的感情生发来的，而是社会规范、习俗、礼制的训导使人觉得应当去做的，即义务。他把前一种应自发意愿产生的称为"内"，把应外在要求产生的称为"外"，来表达这种分别。孟子与他有辩论。其实告子之前也有类似的说法，如《管子·戒篇》亦有"仁从中出，义由外作"，《墨子·经下》有"仁义之为内外也，爱利不相为内外，其为仁内也，义外也，举爱与所利也"。下面看孟子与告子的辩论：

孟子曰："何以谓仁内义外也？"

（告子）曰："彼长而我长之，非有长于我也；犹彼白而我白之，从其白于外也，故谓之外也。"

曰："异于白马之白也，无以异于白人之白也；不识长马之长也，无以异于长人之长与？且谓长者义乎？长之者义乎？"

（告子）曰："吾弟则爱之，秦人之弟则不爱也，是以我为悦者也，故谓之内。长楚人之长，亦长吾之长，是以长为悦者也，故谓之外也。"

曰："耆秦人之炙，无以异于耆吾炙，夫物则亦有然者也，然则耆炙亦有外与？"（《告子上》）

彼白是对象外在，我白是主观反应。但弟、亲也是外在，告子却认为是内，可见其论证有问题。

告子的思想本来是清楚的，但是论证不严密。外本指服从义务，与根于内的道德情感确有不同，但用内/外来分别，往往越弄越糊涂。如果说义与外在东西有关，仁就与外在东西无关吗？告子的讲法有点自律/他律的意味，而孟子因为比较强调自律，故强调一切道德意识都是产生于个人的内在意愿，从而认为义也同样是人生而固有的道德心。

6. 义利说

孟子并不以内、外来区分仁与义，在广义上孟子常以仁义连称，有时也以"义"概称仁义。《孟子》开篇：

孟子见梁惠王。王曰："叟！不远千里而来，亦将有以利吾国乎？"孟子对曰："王！何必曰利？亦有仁义而已矣。王曰：'何以利吾国？'大夫曰：'何以利吾家？'士庶人曰：'何以利吾身？'上下交征利，而国危矣。万乘之国，弑其君者，必千乘之家；千乘之国，弑其君者，必百乘之家。万取千焉，千取百焉，不为不多矣。苟为后义而先利，不夺不餍。未有仁而遗其亲者，未有义而后其君者也。……"（《梁惠王上》）

在《告子下》中有一则记事，是孟子与宋牼的谈论：

宋牼将之楚，孟子遇于石丘，曰："先生将何之？"曰："吾闻秦楚构兵，我将见楚王，说而罢之。楚王不悦，我将见秦王，说而罢之。二王我将有所遇焉。"曰："轲也请无问其详，愿闻其指。说之将何如？"曰："我将言其不利也。"曰："先生之志则大矣，先生之号则不可。先生以利说秦楚之王，秦楚之王悦于利，以罢三军之师，是三军之士乐罢而悦于利也。为人臣者怀利以事其君，为人子者怀利以事其父，为人弟者怀利以事其兄，是君臣、父子、兄弟终去仁义，怀利以相接，然而不亡者，未之有也。……"

这里"仁义"指道德原则，如果一切以利害、利益为原则，为行为的动机，无论国家、群体或个人一定要失败。人与人、国家间关系的调节，不能诉诸利害原则，而要诉诸仁义原则；要用道德来规范人的行为，而不应用利益来驱动或保证秩序与和平。否则，今天不利则不用兵，明天有利则用兵。

《滕文公下》记载了孟子与陈代讨论枉尺直寻的故事。陈代劝孟子做适当的让步和妥协，即去见诸侯，不待招而往。这些让步，如同"退回了一尺，但其结果却可以是伸出了八尺"，这叫作"枉尺而直寻"，一"寻"为八尺。这很像兵家讲的话，且由"志"引述，很明显来自史书，近于老子之说。

> 孟子曰："志士不忘在沟壑，勇士不忘丧其元。……枉尺而直寻者，以利言也。如以利，则枉寻直尺而利，亦可为与？……如枉道而从彼，何也？且子过矣：枉己者，未有能直人者也。"（《滕文公下》）

这里的关键是在道德原则上不可妥协，人不可牺牲、抛弃道德理想和原则。"枉道"就是牺牲道德原则以从利。孟子把枉尺直寻变成"枉道从利""枉义从利"的问题，他当然主张舍生取义，有所不为。"义路也，礼门也"，路即规范。孟子多次说过义是"人路"，但在这里还提出"礼是门"，可见孟子的礼思想也值得研究。

与"仁"相对之"义"，往往指道德义务："亲亲，仁也；敬长，义也"，"事君无义，进退无礼"，"父子有亲，君臣有义"。这是与"仁"有所不同的。孟子说："杀一无罪，非仁也；非其有而取之，非义也"，"行一不义，杀一不辜，而得天下，皆不为也"。这里的义都包含着"正义"的意涵，如孟子说："其所取之者，义乎，不义乎？……其取诸民之不义也，而以他辞无受，不可乎？"义又与道常对用，如"穷不失义，达不离道"（《尽心上》）。

孟子不仅指出"舍生取义"的道德原则，也提出了一些生活原则、人生哲学的原则，如：

孟子曰："求则得之，舍则失之，是求有益于得也，求在我者也。求之有道，得之有命，是求无益于得也，求在外者也。"（《尽心上》）

有些追求和争取完全决定于我自己，我求取它便可得到它，这种寻求是有益于取得的。另有一些东西，人的争取与寻求不取决于自己，追求未必有益于收获。孟子说前者"在我"，后者"在外"；具体指的是，德性是"在我"者，德性的增进，是我自己能决定的；外物的取得则不是我所能决定的。孟子无疑认为，人应当求"在我"者；而求"在外"者就要求之有道，要求之待命，不能期于必得。

比较另一段：

> 口之于味也，目之于色也，耳之于声也，鼻之于臭也，四肢之于安佚也，性也，有命焉，君子不谓性也。仁之于父子也，义之于君臣也，礼之于宾主也，知之于贤者也，圣人之于天道也，命也，有性焉，君子不谓命也。（《尽心下》）

性是内在的必然性，命是外在的必然性（偶然性）。人对声色嗅味的追求，受制于外在的必然性，这就是命。人对道德境界的追求，根源于内在的本性、内在的必然性。

五 修身论

1. 孟子的君子观比孔子的气象更为宏阔。

> 君子有三乐，而王天下不与存焉。父母俱存，兄弟无故，一乐也；仰不愧于天，俯不怍于人，二乐也；得天下英才而教育之，三乐也。（《尽心上》）
>
> 广土众民，君子欲之，所乐不存焉；中天下而立，定四海之民，君子乐之，所性不存焉。君子所性，虽大行不加焉，虽穷居不损焉。（《尽心上》）

居天下之广居，立天下之正位，行天下之大道；得志，与民由之；不得志，独行其道。富贵不能淫，贫贱不能移，威武不能屈，此之谓大丈夫。(《滕文公下》)

孟子的"君子"亦多指"士"。孟子更注重在社会、政治、君主不断变化的环境中士君子的独立人格与操守，这在战国诸子中也都有不同反映。独立不阿、傲视大人、果毅自守的人格在孔子《论语》中很少见。与温良恭俭让的孔子相比，孟子所说的人格的确很有"英气"。

孟子很注意士的穷达操守，上面引述之"三乐"中后两条都与此有关，此外如：

士穷不失义，达不离道。穷不失义，故士得己焉；达不离道，故民不失望焉。古之人，得志，泽加于民；不得志，修身见于世。穷则独善其身，达则兼善天下。(《尽心上》)

也因此，《孟子》书中对士之仕道（即出仕进退之原则）讨论颇多。[1]这都是孔子时代所不能有的，也是后来中央集权制的宋元明时代不可能有的。

2. 孟子也提出"修身"的观念，如"君子之守，修其身而

---

〔1〕 如，"士出仕必行道"。士之出必因君主尊重其尊严，士与君主必保持平等的关系，合则留，否则去。

天下平"（《尽心下》）。《礼记·大学》讲修身、齐家、治国、平天下，在思想结构上与孟子及孔门主张是一致的。在早期儒家，修身有双重意义和价值，一方面是道德与人格完善达成的途径；另一方面，作为统治阶级的君子与承担公共职能的君子，其修身又是他执行公共职能的保证，并会自然带来治平的外在效果。

孟子主张人性善，即人有为善的内在根据，且此种根据是人之为人而与禽兽的分别所在，故说"无四端之心，非人也"。但他也说明，性善的意义在于人普遍有此四端，但这四端是善的始基，并非善的完成。"有"和"充分地有"不同，一个盗贼有时也会有恻隐、羞恶之心，但不即等于是善人，故云"苟能充之，足以保四海；苟不能充之，不足以事父母"。注意后一句，四端之心人皆有之，但人若不能"扩充"这四端，连侍奉孝顺父母都不能做好。因此，一方面，人之向善、为善之可能性，并非一般所说的可善可恶、无善无恶的抽象可能性，而是落实在普遍皆有的四心四端，这就使此种可能性成为具体现实的可能性，甚至是已有着始基的可能性。正如并非抽象地说一粒种子有成为植物的可能性，而是指一株已经萌长的细芽所具有的可能性，且以此种生长可能性为其本性。另一方面他也指出，此细芽虽然现实地具有明白完全的生长本性，但如果不能养之理之，则必不能完成其生长之途。了解此点才可以明白何以孟子从性善说发明出比孔子更多的（修身）工夫节目，王阳明的致良知即为例子。

根据这样的立场，孟子在肯定人性善的同时，也说明：

> 人之所以异于禽兽者几希，庶民去之，君子存之。舜明于庶物，察于人伦，由仁义行，非行仁义也。（《离娄下》）

人皆有四端四心，但这只是端芽，而非成株，不善养之，就成了为感性欲望所支配的生物。而君子对自己的要求，不仅是行仁义，即不仅是以仁义为外在规范而遵行之，而是把仁义真正体验为内在，从内在的意愿去践履仁义的要求。

3. 孟子很重视道德反省：

> 孟子曰："君子所以异于人者，以其存心也。君子以仁存心，以礼存心。仁者爱人，有礼者敬人。爱人者，人恒爱之；敬人者，人恒敬之。有人于此，其待我以横逆，则君子必自反也：我必不仁也，必无礼也，此物奚宜至哉？其自反而仁矣，自反而有礼矣，其横逆由是也，君子必自反也，我必不忠。……"（《离娄下》）

仁者爱人，礼者敬人；以仁存心，以礼存心。一方面要存爱人之心、敬人之心；另一方面要常常"自反"，即反省自己是否有不仁无礼之处，故又说：

> 爱人不亲，反其仁；治人不治，反其智；礼人不答，反其敬。行有不得者，皆反求诸己，其身正而天下归之。（《离娄上》）
>
> 天下之本在国，国之本在家，家之本在身。（《离娄上》）

因此，修身不是一个自说自话的孤立行为，而是要在人—己关系中，通过他人对自己的态度和反应来寻找反省的方向。他一方面要爱人、敬人，把自己"与人为善"的态度投向他人；另一方面又要从他人反射回来的态度省察自己。孟子提出的"反求诸己"是孔子到七十弟子共同强调的修身主题，所以孟子把"行有不得者，皆反求诸己"又概括为"如射"：

> 仁者如射：射者正己而后发；发而不中，不怨胜己者，反求诸己而已矣。（《公孙丑上》）

凡在人际关系中遇到问题，不怨他人，"反求诸己"。这正如射手比赛，射不中者不会抱怨别人射得好，只会反省自己的不足。仁者的道德修身也是如此，求己而不责人。

自反，反求诸己，也称"反身"：

孟子曰："居下位，而不获于上，民不可得而治也。获于上有道，不信于友，弗获于上矣。信于友有道，事亲弗悦，弗信于友矣。悦亲有道，反身不诚，不悦于亲矣。诚身有道，不明乎善，不诚其身矣。是故诚者，天之道也。思诚者，人之道也。至诚而不动者，未之有也。"（《离娄上》）

反身而诚，乐莫大焉。强恕而行，求仁莫近焉。（《尽心上》）

"反身"即反省求己，反身而诚即反躬自省，反躬而诚且无愧，是君子的快乐；所谓求仁，就是要努力奉行恕道。恕道就是责己求己，反身而诚。

4.孟子开始提出心的修养。

在《论语》中孔子极少谈及心，只讲到了"心不违仁"；孟子则多处论心及心之工夫，如不动心、养心、不失赤子之心、以仁存心、存其心，养其性、尽其心，知其性、充其仁心、动心忍性，等等。

孟子主张人人都有四端（四心），必须注意保护，不使之丧失，这就是"不失赤子之心""存其心"；若丧失了就要"求"，此即"求其放心"[1]。不失、求都是消极的，积极的

---

[1]　"学问之道无他，求其放心而已矣。"（《告子上》）

还要"充其四端之心"，把四端扩充，推至一切实践对象。充其心也就是尽其心。

> 尽其心者，知其性也。知其性，则知天矣。存其心，养其性，所以事天也。夭寿不贰，修身以俟之，所以立命也。（《尽心上》）
>
> 莫非命也，顺受其正……尽其道而死者，正命也。（《尽心上》）

这应当是一个排比的关系：

尽其心，知其性，所以知天也——知；

存其心，养其性，所以事天也——行；

夭寿不贰，修身以俟，所以立命也——志；

尽其道，顺其理，所以正命也。——心。

"尽其心者"即能"充其四心"者，这样的人知道自己的本性表现为四端，故尽之充之。"存其心，养其性"，是指人能行其存养的实践。专意修身，其余"俟命"，这是立志的人。尽其道而死，这既是有通达之心的人，也是能获得"正命"的人，即妥当正确地完成了命。能修身的人，也要注意顺应事物之理，立在岩墙之下虽不关修身，但非正命。

尽心、知性就是要尽其四端，知其善性，存其心养其性。这都是很清楚的，但何以孟子一下子讲到知天、事天呢？在

《孟子》书中其他地方对此毫无交代，没有提示他的思想线索，我们不能用宋以后的儒家思想来解释它。

《论语》中并未提到知天，《中庸》有"思知人，不可以不知天"，"质诸鬼神而无疑，知天也，百世以俟圣人而不惑，知人也"。孟子说过："莫之为而为者，天也；莫之致而至者，命也。"虽然这句话是解释禹传子的事件，但可看出孟子的一些思想。孟子应当受到孔门后学关于知天思想的影响。

不过孔子说过"五十而知天命""小人不知天命"，孔子的重点更多在"命"上。《论语·尧曰》："不知命，无以为君子也；不知礼，无以立也；不知言，无以知人也。"孟子说："知命者，不立乎岩墙之下。"孟子晚年有"俟命"思想："君子行法，以俟命而已矣。"（《尽心下》）说明孟子不像孔子那样讲"天命"，而专注于"命"。

以上讲的"尽心"都是从四端和充其四端方面来讨论的心上的工夫，再来看孟子其他关于治心的论述。

孟子认为君子与小人的分别，在于君子从其大体（心官），小人从其小体（感官）；君子养其大，小人养其小。

> 耳目之官不思，而蔽于物。物交物，则引之而已矣。心之官则思，思则得之，不思则不得也。此天之所与我者。先立乎其大者，则其小者弗能夺也。此为大人而已矣。（《告子上》）

孟子认为"体有贵贱，有小大"（《告子上》），大体即心官，即作为理性和能思的心；小体即耳目四肢。小体不能思考，盲目从物；大体能思，君子就要先立其大，即确立起理性，则感官四肢就不会蒙蔽心官了。君子就是能以理性主宰感性的人。孟子曰："养心莫善于寡欲。"（《尽心下》）

5. 最后，我们来看"不动心"和"知言养气"。

公孙丑问曰："夫子加齐之卿相，得行道焉，虽由此霸王，不异矣。如此，则动心否乎？"

孟子曰："否，我四十不动心。"（孔子四十而不惑）

曰："若是，则夫子过孟贲远矣。"

曰："是不难，告子先我不动心。"

曰："不动心有道乎？"

曰："有。北宫黝之养勇也，不肤桡，不目逃，思以一豪挫于人，若挞之于市朝；不受于褐宽博，亦不受于万乘之君，视刺万乘之君若刺褐夫；无严诸侯，恶声至，必反之。孟施舍之所养勇也，曰：'视不胜犹胜也；量敌而后进，虑胜而后会，是畏三军者也。舍岂能为必胜哉？能无惧而已矣。'孟施舍似曾子，北宫黝似子夏。夫二子之勇，未知其孰贤，然而孟施舍守约也。昔者曾子谓子襄曰：'子好勇乎？吾尝闻大勇于夫子矣：自反而不缩，虽褐宽博，吾不惴焉；自反而缩，虽千万人，吾往矣。'孟

施舍之守气，又不如曾子之守约也。"（《公孙丑上》）

不动心并不是孟子重视的一个心术，它的讨论是应公孙丑之问而起。就孟子回答来看，北宫、孟施及曾子，都是讨论"养勇"的问题，即如何培养勇敢不惧之心。这个养勇是不是就是不动心？照公孙丑所问，"加卿相""行霸王"，他所说的不动心应与勇而不惧没有直接关系。可是在"不动心有道"之问以后的一段中——我们暂且承认这一段没有错简，孟子所答完全是恐惧不能动其心之勇，勇即不动心。

北宫黝之勇是捍卫自尊之勇，一切侮辱挫折都绝不可忍受，不管对方是谁一定回击。孟施舍是纯粹军人武士之勇，不论对方力量强弱，无所畏惧。而曾子继承孔子的大勇，即以直为勇，正直正义在我，对方即使千军万马，我也勇往直前。若正义不在我，遇到再卑弱之人，也不敢欺负他。

孟子对"不动心有道"的回答是，曾子的方法为有道，无所畏惧应当建立在正义感和遵循道德法则之上，心存正义（持其志）与仁义，自然无所恐惧而不动心。其他依凭军人的勇气（暴其气）或过分的自尊心，都未为大勇。

曰："敢问夫子之不动心与告子之不动心，可得闻与？"

"告子曰：'不得于言，勿求于心；不得于心，勿求于气。'不得于心，勿求于气，可；不得于言，勿求于心，不可。夫志，气之帅也；气，体之充也。夫志至焉，气次焉。故曰：'持其志，无暴其气。'"

"既曰'志至焉，气次焉'，又曰'持其志，无暴其气'者，何也？"

曰："志壹则动气，气壹则动志也，今夫蹶者趋者，是气也，而反动其心。"（《公孙丑上》）

告子先于孟子达到不动心，但方法不同，他是勿求于心，勿求于气。勿求于心就是要定心，勿求于气就是不要动气。孟子认为，不注重心的工夫是不对的，要以心率气，主张"持其志，无暴其气"。持其志即守其直心，无暴其气即不要充涨其血气之怒。孟子指出，只持其心还是不够的，还要无暴其气，因为气可以影响心，所以既要有持志工夫，又要有养气工夫。下面孟子讲其养气之功。

曰："我知言，我善养吾浩然之气。"

"敢问何谓浩然之气？"

曰："难言也。其为气也，至大至刚，以直养而无害，则塞于天地之间。其为气也，配义与道，无是，馁也。是集义所生者，非义袭而取之也。行有不慊于心，则馁矣。我故曰，告子未尝知义，以其外之也。必有事焉，

而勿正，心勿忘，勿助长也。……"（《公孙丑上》）

"以直养"即以直心涵养，以无愧之心涵养，"无害"即不要伤害它。这个浩然之气一定产生于义与道，否则气即缩萎。从这里也可看出，浩然之气产生于道义集聚的心、内在合义的心，而不是产生于从外面取来的义，即此气不是服从外在义务可以产生的。浩然之气产生于内在的义，所以告子那种认为义皆在外在的思想是不对的。"行有不慊于心"即自反，反而理不直，自然气不壮，故气生于理义，理直气壮自然无所畏惧而不动心了。

以上谈到了孟子养气说、不动心说中集义、持志为主的思想；另一方面孟子也说到，只集义持志，不注意方法，急躁从事，也不能真正养心养气，所以还要注意保持心的"勿忘""勿动""勿正"，即比较自然的状态。后来宋明儒特别发展了这一方向，只是宋儒没有把这作为养气的条件，而是赋予其独立的精神境界的意义。

第五章 《乐记》

《礼记》一书中，除了《大学》《中庸》外，在宋明理学中影响最大的当数《乐记》篇。因为《礼记》的其他篇章多记述孔门的德行论和君子论，如《儒行》《坊记》《表记》《缁衣》等篇，而《乐记》重视人心和性情，与宋明理学重视心性论的需要正好相合，于是《乐记》的一些思想、观念便成为宋明理学的重要思想资源和基础。

《乐记》的作者，唐《史记正义》以为是公孙尼子，此说前又有梁武帝时的沈约予以肯定，则《乐记》的思想应属于孔子门徒。《乐记》的成书，近代以来学者多认为是在西汉，但也都承认《乐记》的资料是采自先秦诸子故书，故其思想应属战国儒家。

如果从后来《乐记》的思想影响来说，《乐记》的心性说是最值得关注的，《乐记》中广泛涉及了心、性、情、欲、好恶等心性论范畴，以内和外、动于中和形于外等构建心性关系，在先秦儒学中是有代表性的。这一点也是《乐记》和《荀子·乐论》的不同所在。

一　心性说

1. 物感心动

我们先来看《乐记》的"心物说"：

> 凡音之起，由人心生也。人心之动，物使之然也。感于物而动，故形于声。声相应，故生变，变成方，谓之音。比音而乐之，及干戚、羽旄，谓之乐。乐者，音之所由生也，其本在人心之感于物也。是故其哀心感者，其声噍以杀；其乐心感者，其声啴以缓；其喜心感者，其声发以散；其怒心感者，其声粗以厉；其敬心感者，其声直以廉；其爱心感者，其声和以柔。六者非性也，感于物而后动。是故先王慎所以感之者。

"人心"是《乐记》整篇的中心观念。《乐记》首先确定了心物关系，即人心之动，是由外物所引起的。心与物的关系形式是"感"，感是外物对人心的作用。"心感于物"，"心感于物而后动"，就是说外物对人心的作用（感），使人心产生了发动，于是才有声音的发出。因为"感"是外物对人心的作用，"感于物而动"在这里便是指心受到外物的作用，使心发生了活动，这些活动具有不同的形式。那么，是不是人心的所有活动都是由外物引起的呢？作者并没有这样说，我们只能肯定的是，外物会作用和影响于人心，使人心发生活动；而人心的活动就会见诸声音，即导致声音的发出。

照《乐记》说，人心由外物引发的活动有六种形式，即哀心、乐心、喜心、怒心、敬心、爱心。即哀、乐、喜、怒、敬、爱"六者"之心。《乐记》强调，这六心不是性，只是心，表明《乐记》已有明确的心性区别的意识。《乐记》的这些说法中，心是"动"即活动的范畴，不是本质的范畴。六心不是人性本有的，是外物感动引起的内心活动。就哀、乐、喜、怒、敬、爱来说，六心也就是情，说明《乐记》并不明确区分心与情，在概念上心是包括喜怒哀乐的情感的。

2. 血气心知

其次来看《乐记》的性情说。《乐记》又说：

> 夫民有血气心知之性，而无哀乐喜怒之常，应感起物而动，然后心术形焉。

对比前面所说可知，心术即指六心。血气心知是性，喜怒哀乐是心，血气心知的性是人之本有的，恒常的，但喜怒哀乐六心不是人心本有的，是应感而起的，应感就是应外物之感，应是感的结果，也是对感的反应。六心也好，情也好，都是心对物感的反应。在这里，《乐记》认为心与物的关系，不是单纯的感，而是还有应，物对于心是感，心对于物感则是应，这就提出了心物的感—应论，对后世很有影响。

从人性论而言，这一段话，就心物的关系来说，重复了前面讲过的物感心动的思想，而其中与前面不同的还有，肯定了人性的内涵是"血气心知"。血气应指感性，心知应指知觉，如荀子所说的征知。所以血气心知之性不是孟子讲的道德本性，而是决定感性欲求和知性的人性。这接近于荀子的人性理解，清代的戴震即努力发明"血气心知"之说，与朱子理学相对立。不过，在这一段话里，性和情之间仍没有建立起关系，情的发动只是应感而动，与性的关系模糊不清。

3. 性静欲动

再来看性欲说。上面说"人心之动，物使之然"，那么人心之静，便是外物未曾感动人心之时。《乐记》认为，人心未感于物的静态，便是人性的原初状态。《乐记》最著名的话是：

> 人生而静，天之性也。感于物而动，性之欲也。物至
> 知知，然后好恶形焉。

心是动的，性是静的，这与上面所说一致。然而，按照前面的

心性关系说，感于物而动，应当是心，但这里却说感于物而动，是性之欲，这两者说法便不同。一个强调动的是心，一个强调动的是欲；前者以性心相对，后者以性欲相对。因为今本《乐记》中分为十一子篇，故《乐记》全文中各处的说法不完全一样，思想的重点也不一样。此段的重点不是讲音乐，而是讲欲望。所以不讲从性到心，而是讲从性到欲，从性之静到欲之动。"物至知知"疑有错字，其意思就是外物来感。感的结果就是引起了欲的活动，而欲的表达就是好恶。在先秦哲学中多有把好恶属情者，如荀子，而在这里，强调好恶是欲望的表达，而不是强调好恶是情感的表达。

这里的"欲之动"表明情欲之动与性有关，是根于其本性的。因此这里说的感于物而动，是指受到外物的感而发动的是欲。联系上面一段的血气心知之性说，可以说欲是受到外物之感而根于血气本性的发动。而受到物的感而引发的欲，其形式主要是好恶。如果说这里把血气看作本性，把欲望看作本性的表现，则这种思想也是近于荀子的。

那么，《乐记》为什么会谈到欲望呢？这应当是因为，在作者看来，在广义上，乐的欣赏是属于"耳目口腹之欲"的，必须阐明先王制礼乐之乐与"耳目口腹之欲"的区别。

4. 天理人欲

《乐记》接着强调：

好恶无节于内，知诱于外，不能反躬，天理灭矣。夫物之感人无穷，而人之好恶无节，则是物至而人化物也。人化物也者，灭天理而穷人欲者也。于是有悖逆诈伪之心，有淫泆作乱之事，是故强者胁弱，众者暴寡，知者诈愚，勇者苦怯，疾病不养，老幼孤独不得其所。此大乱之道也。是故先王之制礼乐，人为之节……礼节民心，乐和民声，政以行之，刑以防。礼、乐、刑、政，四达而不悖，则王道备矣！

《乐记》的这一段其实已经不是讲音乐，而是离开音乐讲道德和物欲的关系，其中的天理人欲说后来成为整个宋明理学的基础。物之感人是无穷尽的，但如果物感引起的欲望活动也是无穷的、毫无节制，那就是物化，物化也就是人化为物，而不再是人了。人化为物，在道德上是指灭绝天理而穷极人欲，其结果必然引发社会悖乱失序。礼就是为了节制人欲，乐则使人民的声音归于平和和谐。这也反映出，作者认为天理是人之所以为人的本质，灭绝了天理也就丧失了人之所以为人的本质，不再是人了。从哲学上分析，好恶属于血气，知应指心知；"知诱于外"是指心知也可以被外界所诱惑，使人追逐于外而离开自我的反省。

《乐记》不仅提出了天理—人欲的对立，还提出了"以道制欲"的原则：

> 故曰："乐者，乐也。君子乐得其道，小人乐得其
> 欲。"以道制欲，则乐而不乱；以欲忘道，则惑而不乐。

所以圣王的乐不仅不是欲，而且是为了化欲、制欲。不是为了
遂欲，而是为了得道。这样来看，与上一段讲天理人欲相对
比，道即是天理，以道制欲，也就是以理制欲，这些都开了宋
明理学的先河。此条亦见于《荀子·乐论》。

5. 情动于中，声形于外

再来看心情说。

性与好恶的关系，性是在"中"的，中就是内；好恶是属
于"形"的，形即形著于外，是外在的现象了。"中"是内在
的，"形"是发于外的。性是内在的，好恶是根于本性而发于
外的。

这种关系正如情与声的关系一样：

> 凡音者，生人心者也。情动于中，故形于声。声成
> 文，谓之音。

照这里所说，人心亦即情，前面说人心感于物而动，故形于

声；这里说情动于中，故形于声，可见这里的情也就是前面说的人心。又可见，性是人的本性、天性，但感物而动的是人心，是好恶，是欲，也是情。综合来说，性是内，心是外；性是内，欲是外；性是内，好恶是外；心是内，音是外；情是内，声是外。总之，中与形是未发已发的关系，是内在和外发的关系，此种关系有两大环节，一个是性到情，是未发已发关系；一个是心到声，也是未发已发关系。"未发已发"虽源自《中庸》，但宋代以后才为常用。先秦时代常用的、与已发相当的是"形于"，与未发相当的是"内""中"。这种分析是《乐记》心性论思维的基本结构。

还可以看这一段：

> 德者，性之端也；乐者，德之华也；金石丝竹，乐之器也。诗，言其志也；歌，咏其声也；舞，动其容也。三者本于心，然后乐器从之。是故情深而文明，气盛而化神，和顺积中，而英华发外，唯乐不可以为伪。

这里的积中与发外，是用来指性和德的关系，照这个说法，德者性之端，是说德也是性的发端。这样，性与德的关系也具有未发已发的关系特性。不过，这样一来，性不仅是血气心知，性之发动不仅是喜怒哀乐、好恶了，而包含有性善的因素了。如前所述，《乐记》是十一篇分论组成，故其中人性的说法有所不同。照这里所说，乐不仅生于人心，也是德的精华。这些思想虽然还不是很清楚，但也还是强调性的根源作用（当然，如果把"德者性之端"理解为德是性的一个方面，则结论有所不同）。

二　乐气说

《乐记》还把乐音与"气"关联起来，如：

> 天高地下，万物散殊，而礼制行矣。流而不息，合同而化，而乐兴焉。春作夏长，仁也；秋敛冬藏，义也。仁近于乐，义近于礼。乐者敦和，率神而从天；礼者别宜，居鬼而从地。故圣人作乐以应天，制礼以配地。礼乐明备，天地官矣。天尊地卑，君臣定矣。卑高已陈，贵贱位矣。动静有常，小大殊矣。方以类聚，物以群分，则性命不同矣。在天成象，在地成形。如此，则礼者，天地之别也。地气上齐，天气下降，阴阳相摩，天地相荡，鼓之以雷霆，奋之以风雨，动之以四时，暖之以日月，而百化兴焉。如此，则乐者，天地之和也。化不时则不生，男女无辨则乱升，天地之情也。

不用细说，这一段明显与《周易·系辞传》的宇宙论文字有甚多重合。在这里作者不仅把礼，也把乐溯源至天地流行的宇宙论。在这种说法中，乐之兴是源自宇宙的"流而不息，合同而化"，"流而不息"是指宇宙大流运行不止，"合同而化"是指此大流合融消弭对立、共同运化。这一段甚至以乐从天、礼从地，来抬高乐对于礼的地位，当然，总的来说作者还是把乐定位在天地之和。但在这里所说的天地之和，包含了"地气上齐，天气下降，阴阳相摩"的和，所以这个和就包含了"气"的和的意义。

这种与"气"结合的乐论论述还见于《乐记》的几处：

> 是故先王本之情性，稽之度数，制之礼义。合生气之和，道五常之行，使之阳而不散，阴而不密，刚气不怒，柔气不慑。四畅交于中而发作于外，皆安其位而不相夺也。然后立之学等，广其节奏，省其文采，以绳德厚。律小大之称，比终始之序，以象事行。使亲疏、贵贱、长幼、男女之理皆形见于乐。

合生气之和，与上面说的"合同而化"的意思相近，但上面说合同而化是指天地之气，这里合生气之和是指人的身心之气。这里的五常应是仁义礼智等。阴阳刚柔属于生气，生气之和便是阴阳刚柔四者交畅于中（内），生气和合交畅于内，故能行五常之行于外。于是气的和合成为德行的内在基础。可见这里的气就不是指天地之气，而是人之心身之气，而按其理解，所谓情性也是与气有关的。制乐所依据的合生气之和，是阳气、阴气、刚气、柔气的和合状态。阳气本主发散，阴气本主收敛，刚气本来主于怒，柔气本来主于慢。而在和合状态中，阳气发扬而不会流散，阴气收敛而不会闭塞，有刚气而不会愤怒，有柔气而不会慑惧，四者畅交而和之。

《乐记》又说：

> 凡奸声感人，而逆气应之。逆气成象，而淫乐兴焉。正声感人，而顺气应之。顺气成象，而和乐兴焉。倡和有应，回邪曲直，各归其分，而万物之理，各以类相动也。是故君子反情以和其志，比类以成其行。奸声乱色，不留聪明；淫乐慝礼，不接心术；惰慢邪辟之气，不设于身体。使耳目、鼻口、心知、百体皆由顺正，以行其义，然后发以声音，而文以琴瑟，动以干戚，饰以羽旄，从以箫管，奋至德之光，动四气之和，以著万物之理。是故清明象天，广大象地，终始象四时，周还象风雨，五色成文而不乱，八风从律而不奸，百度得数而有常。小大相成，终始相生，倡和清浊，迭相为经。故乐行而伦清，耳目聪明，血气和平，移风易俗，天下皆宁。

一种声音是一种感，对于每一种"感"人们会有确定的

"应"，而"应"是以气的形态出现的，气则是人身具有的。如：奸声感则逆气应之，正声感则顺气应之。气多了则会形成社会的象，象即社会风气，如逆气成象，社会淫乐之风兴；顺气成象，社会和乐之风兴。声音与万物一样，以类相感应，每一类事物都有其感和应，这个道理是不变的。君子依据此理而行，如让奸声淫乐远离人心，使邪慢之气不附于身体。"奋至德之光，动四气之和，以著万物之理"，就是发扬德性的光辉，协调四气的和合，以彰显万物之理。这样的乐就能仿效天地的清明，这样的乐流行就能使伦理清明，于是耳目聪明，血气和平，移风易俗，天下皆宁。耳目亦属心知，聪明即不会迷乱；血气和平则欲望不会惑而无节。而乐的功能不仅仅关乎个人的修养，更在于能够移风易俗，使天下得到安宁平和。从这里可见，人身是有气的，而声音乐曲可以引动人身之气，乐与气有感应的关联，这也是《乐记》的一个重要哲学论点。气论对儒家的影响，在先秦的《孟子》《五行》篇中都可以看到，特别是《五行》的说部，这些儒家气论的特点，不是强调气的自然哲学的宇宙论意义，而是用气来说明儒家的道德思想。

文中还说：

先王耻其乱，故制雅颂之声以道之，使其声足乐而不流，使其文足论而不息，使其曲直、繁瘠、廉肉、节奏足以感动人之善心而已矣！不使放心邪气得接焉，是先王立乐之方也。

这里明确指出，雅乐足以感动人的善心，隔离邪气，使得放心邪气不接触人身，这是先王立乐的要旨。

以上论述中，都表现了一种思想，乐自身包含有气的属性，即乐不仅与人心有关，也与气有关，乐在根本上来源于天地之气的协和运化，又符合人身之气的平衡和合，并能促进大地、社会、人身的和谐安宁。

三　乐教说

上面已经说明，"乐行而伦清"，音乐可以感动人心，移风易俗，以下进一步来看《乐记》对乐的社会功能的阐发：

> 凡音者，生于人心者也；乐者，通伦理者也。是故知声而不知音者，禽兽是也；知音而不知乐者，众庶是也。唯君子为能知乐。是故审声以知音，审音以知乐，审乐以知政，而治道备矣！是故不知声者不可与言音，不知音者不可与言乐，知乐则几于礼矣！礼乐皆得谓之有德。德者，得也。……是故先王之制礼乐也，非以极口腹耳目之欲也，将以教民平好恶，而反人道之正也。

一般人以为制乐是为了耳目之欲的满足，儒家所说的乐则不是这个意义的乐；儒家所说的乐，既不是声，也不是音，而是通于伦理政治的乐。动物只知道声，百姓只知道音，君子才懂得乐。因为乐是与政情密切关联的，君子通过乐可以了解政情，所以先王制乐是为了教化民众使其好恶平常而不过分，最终返回人道的正道。因此，礼乐的制定，不是为了欲望的满足，而是为了教化的实现。所以，《乐记》又说：

> 是故治世之音安以乐，其政和。乱世之音怨以怒，其政乖。亡国之音哀以思，其民困。声音之道与政通矣！

这种思想把乐与国家的治乱联系在一起，把乐之道与政之道关联在一起，用道德化、政治化的方式看待、分析乐，是典型的儒家乐论方式。

> 大乐与天地同和，大礼与天地同节。和故百物不失，节故祀天祭地。明则有礼乐，幽则有鬼神，如此，则四海之内合敬同爱矣！礼者殊事，合敬者也；乐者异文，合爱者也。礼乐之情同，故明王以相沿也。故事与时并，名与功偕。

乐来自天地之协和，礼来自天地之节次，故乐的和与天地之和相一致，礼的节与天地之节次相一致，儒家的理想就是人道与天道相一致。就礼乐的人道而言，合敬是礼的功能，同爱是乐的功能，合敬是使差异之间保持互相礼敬，同爱是使差异之间互相亲近，这就是礼、乐的不同社会功能。

> 乐也者，圣人之所乐也，而可以善民心。其感人深，其移风易俗，故先王著其教焉。
>
> 先王耻其乱，故制雅颂之声以道之，使其声足乐而不流，使其文足论而不息，使其曲直、繁瘠、廉肉、节奏足以感动人之善心而已矣！不使放心邪气得接焉，是先王立乐之方也。

乐（yue）既然有音乐的属性，自然有其可乐（le）的价值，但其可乐是圣人之所乐，不是世俗之可乐。以乐改善民心、移风易俗，便是乐教，便是圣王的"立乐"之方。

乐的根本作用是"和"：

> 是故，乐在宗庙之中，君臣上下同听之，则莫不和敬。在族长乡里之中，长幼同听之，则莫不和顺。在闺门之内，父子兄弟同听之，则莫不和亲。故乐者，审一以定和，比物以饰节，节奏合以成文。所以合和父子君臣，附亲万民也。是先王立乐之方也。

和敬、和顺、和亲都是乐在不同方面实现的"和"的功能，和即协和的和，也是统合的合，儒家确信，乐有凝聚、团结并使团体达到和谐的功能。

四　礼乐说

《乐记》中对礼乐的同异说明得非常清楚，礼乐既共同一体地发挥着社会功能，又有差别地互补：

> 乐者为同，礼者为异。同则相亲，异则相敬。乐胜则流，礼胜则离。合情饰貌者，礼乐之事也。礼义立则贵贱等矣，乐文同则上下和矣，好恶著则贤不肖别矣，刑禁暴、爵举贤则政均矣。仁以爱之，义以正之，如此则民治行矣。乐由中出，礼自外作。乐由中出故静，礼自外作故文。大乐必易，大礼必简。乐至则无怨，礼至则不争，揖让而治天下者，礼乐之谓也。暴民不作，诸侯宾服，兵革不试，五刑不用，百姓无患，天子不怒，如此则乐达矣。合父子之亲，明长幼之序，以敬四海之内，天子如此，则礼行矣。

《乐记》把礼乐的同异讲得非常清楚，在哲学上礼代表差异化、等级化，乐代表和谐化、同一化；在社会上礼代表秩序，乐代表和谐；在伦理上礼指向相敬，乐指向相亲，礼近于义，乐近于仁。乐是由内发出的，礼是在外表现的，礼是为了行为的不争，乐是为了内心的无怨。不争无怨就是理想社会了。所以，儒家所理解的乐，一定是在与礼的区别和一体中来定义和定位。礼与乐，礼是基础，乐是对礼的秩序加以和谐化。礼乐的宗旨就是追求和谐化的礼治秩序。还可以看出，大乐必易，大礼必简，应是回应和吸收了墨家对礼乐的批评。"乐至则无怨，礼至则不争，揖让而治天下者"则是吸收了道家和战国思潮的无为思想。但《乐记》的主体是通过礼乐达到儒家的社会理想"合父子之亲，明长幼之序，以敬四海之内"。

> 乐也者，情之不可变者也。礼也者，理之不可易者也。乐统同，礼辨异。礼乐之说管乎人情矣！

《乐记》中谈到礼乐对举时几处提到理，这也是受到宋明理学关注的原因之一。春秋至战国，中国文化保持为礼乐文化，早期儒家也以传承礼乐文化为己任。但儒家在传承的同时又有了发展，如孔子贵仁，孟子尊义，孔门后学则还提出了理的观念。《乐记》既提出天理和人欲的紧张、标举出天理的普遍规范意义，又提出礼与理的关系，认为礼不仅是具体仪节条目的汇合，而且贯穿着理，这里的理即人道的总原则。这些都对后世儒家的理学发展产生了影响。

穷本知变，乐之情也；著诚去伪，礼之经也。礼乐
偩天地之情，达神明之德，降兴上下之神，而凝是精粗之
体，领父子君臣之节。

这里值得注意的是，把"著诚去伪"作为礼的根本精神，也就
是把诚作为礼的根本精神，这个说法在古礼家不常见，可能是
受《中庸》《孟子》重视"诚"的影响。需要指出的是，以上
这两条材料亦见于荀子《乐论》，《乐记》与荀子《乐论》在
论乐教和礼乐等问题上还有不少内容重合，这种把礼和诚结合
起来的把握有其独到之处。

魏文侯问于子夏曰："吾端冕而听古乐，则唯恐卧。
听郑、卫之音，则不知倦。敢问古乐之如彼，何也？新
乐之如此，何也？"子夏对曰："今夫古乐，进旅退旅，
和正以广，弦、匏、笙、簧，会守拊、鼓。始奏以文，复
乱以武，治乱以相，讯疾以雅。君子于是语，于是道古，
修身及家，平均天下，此古乐之发也。今夫新乐，进俯退
俯，奸声以滥，溺而不止。及优、侏儒，獶杂子女，不知
父子。乐终，不可以语，不可以道古。此新乐之发也。今
君之所问者乐也，所好者音也。夫乐者，与音相近而不
同。……然后圣人作，为父子君臣以为纪纲。纪纲既正，
天下大定。天下大定，然后正六律、和五声，弦歌诗颂，

此之谓德音。德音之谓乐。……夫敬以和，何事不行？
为人君者，谨其所好恶而已矣！君好之，则臣为之；上行
之，则民从之。《诗》云：'诱民孔易'，此之谓也。"

子夏说古乐的宗旨和目的是"修身及家，平均天下"，这与
《大学》"修身齐家治国平天下"相通，说明《大学》的这种
理念在当时的儒门各家是有共识的。修身，故不能离礼乐：

君子曰："礼乐不可斯须去身。"致乐以治心，则
易、直、子、谅之心油然生矣。易、直、子、谅之心生则
乐，乐则安，安则久，久则天，天则神。天则不言而信，
神则不怒而威。致乐以治心者也。致礼以治躬则庄敬，庄
敬则严威。心中斯须不和不乐，而鄙诈之心入之矣；外貌
斯须不庄不敬，而易慢之心入之矣。故乐也者，动于内者
也；礼也者，动于外者也。乐极和，礼极顺。内和而外
顺，则民瞻其颜色而弗与争也，望其容貌而民不生易慢
焉。故德辉动于内，而民莫不承听；理发诸外，而民莫不
承顺。

据《韩诗外传》，子、谅即慈、良。朱子早已指出此点（参看
《朱子语类》卷22）。可见，礼乐的意义，不是只对社群有确
立秩序、促进和谐的意义，对个人修身亦有意义，这是一般的

礼乐论很少论及的，也是后世宋明理学特别重视这一段话的原因。礼乐对修身的意义，一方面是礼对行为的规范，即"致礼以治躬"，躬即是身体行为；一方面是乐对心的治理，即"致乐以治心"。"致礼以治躬"是以礼培养庄敬之体貌，"致乐以治心"是以乐培养和乐之心，就乐而言，乐还可以促进易、直、慈、良之心的产生。礼乐的这种治身治心的作用是君子特别强调的。

至于治心之德，《乐记》还有："临事而屡断，勇也；见利而让，义也。有勇有义，非歌孰能保此？"勇和义都是德目，《乐记》强调用歌乐来促进和培养德性，这是其特点。儒家对德性的涵养一般重视通过自我修养的工夫来达成。乐教是教育的观念，乐教的观念本来不是工夫论的观念，不是个人主动采取的工夫努力，而一般的德性修养都是诉诸个体的工夫努力。据以上所说，个体虽然不用工夫，但乐教的教育可以对个体身心产生修治的作用。重教化而轻工夫，可以说这也是比较接近于荀子的一种德性培养的思路。

总之，《乐记》的思想既是《礼记》体系的一部分，同时其思想往往与荀子乐教论接近，与荀子思想兼容性较强。故朱子曾猜测："《乐记》文章颇粹，怕不是汉儒做，自与《史记》《荀子》是一套，怕只是荀子作。"（《语类》卷84）

第六章 荀 子

荀子的哲学和思想涉及广泛，体系完整。不过，如果从先秦儒学发展的历史来看，荀子与战国中期以前的儒家有所不同，他所提出的新的思想，主要是性论、礼论和心论。可以这样说，孟子的仁政说，虽然涉及井田制，但总体上是主张一种"政策"论，而荀子的礼制论与王制论，虽然某些方面包含政策，更突出的则是一种对"体制"的论证和对制度的辩护，这是他的礼论的特质。而这种对体制、制度的主张论证，又以人性非善论为出发点和基石。另一方面，荀子提出了一套与孟子不同的心论，他突出智性的立场，把孔子所注重的智的一面，在心的层面给以有力的论证。荀子的这些思想，突出地体现了自然主义、现实主义、理性主义、人文主义。从思想来源上说，荀子在齐游学甚久，受齐学和当时百家之学的影响较大。

《孟子》书在汉代已有赵岐作注，汉代亦尝立博士；而《荀子》一书在汉代影响甚大，但至唐始有杨倞再为之注。韩愈以荀子书为"大醇小疵"，但宋儒攻荀者甚众，皆由其人性非善之说所引起。但杨倞《荀子》序指出："至于战国，于是申商苛虐，孙吴变诈，以族论罪，杀人盈城，谈说者又以慎墨苏张为宗，则孔氏之道，几乎息矣，有志之士，所为痛心疾首也。故孟轲阐其前，荀卿振其后……其书亦所以羽翼六经，增光孔氏，非徒诸子之言也。"强调《荀子》一书是"羽翼六经""增光孔氏"。

《汉书·艺文志》儒家有"孙卿子三十三篇"，颜师古云本曰荀卿，避宣帝讳故曰孙；杨注本始改为荀卿。荀子赵人，曾在齐稷下游学，齐襄王时已为稷下祭酒，后到楚国。

《荀子集解·考证下》曰：

[汪中《荀卿子通论》]荀卿之学出于孔氏，而尤为功于诸经。《经典叙录·毛诗》："徐整云：'子夏授高行子，高行子授薛仓子，薛仓子授帛妙子，帛妙子授河间人大毛公，毛公为《诗故训传》于家，以授赵人小毛公。'一云：'子夏传曾申，申传魏人李克，克传鲁人孟仲子，孟仲子传根牟子，根牟子传赵人孙卿子，孙卿子传鲁人大毛公。'"由是言之，《毛诗》，荀卿子之传也。《汉书·楚元王交传》："少时尝与鲁穆生、白生、申公同受《诗》于浮邱伯。伯者，孙卿门人也。"《盐铁论》云："包丘子与李斯俱事荀卿。"……由是言之，《鲁诗》，荀卿子之传也。《韩诗》之存者，《外传》而已，其引荀卿子以说《诗》者四十有四。由是言之，《韩诗》，荀卿子之别子也。《经典叙录》云："左丘明作

《传》以授曾申，申传卫人吴起，起传其子期，期传楚人铎椒，椒传赵人虞卿，卿传同郡荀卿，名况，况传武威张苍，苍传洛阳贾谊。"由是言之，《左氏春秋》，荀卿之传也。《儒林传》云："瑕丘江公受《穀梁春秋》及《诗》于鲁申公，传子至孙为博士。"由是言之，《穀梁春秋》，荀卿子之传也。……又二《戴礼》并传自孟卿，《大戴·曾子立事》篇载《修身》《大略》二篇文，《小戴·乐记》《三年问》《乡饮酒义》篇载《礼论》《乐论》篇文。由是言之，《曲台》之《礼》，荀卿之支与余裔也。盖自七十子之徒既殁，汉诸儒未兴，中更战国、暴秦之乱，六艺之传赖以不绝者，荀卿也。周公作之，孔子述之，荀卿子传之，其揆一也。……又陆玑《毛诗草木鱼虫疏》云："孔子删诗，授卜商。商为之序，以授鲁人曾申，申授魏人李克，克授鲁人孟仲子，仲子授根牟子，根牟子授赵人荀卿，卿授鲁国毛亨，亨作《训诂传》以授赵国毛苌，时人谓亨为大毛公，苌为小毛公。"此《毛诗》得荀卿之传也。

荀子在儒家的传承一般说是源自子夏与仲弓。刘师培曾说，孔子道兼师儒，孔子之后，曾子、子思、孟子衍心性之传，所谓"师"之业者也，为宋学之祖。子夏、荀子传诗书六艺之文，所谓"儒"之业者也。《后汉书·徐防传》："诗书礼乐，定自孔子，发明章句，始于子夏。"荀子特别推崇仲

尼、子夏。[1]而子夏传教西河，为魏文侯师，李悝、吴起皆魏
之士而游于子夏之门者，故三晋（晋为三家所分）之传自与邹
鲁不同，况荀卿本为赵人，属三晋之域。

荀子的哲学继承了孔子、孟子的许多思想，如孔子的好
学论、君子论，孟子的王霸论、义利论等。但荀子的特色，在
于其全部思想都是为礼义规范或礼法等级制度的必要性和合理
性作论证。这显然是因为荀子生活的时代环境与孔、孟都不相
同，旧的封建制度向新的集权制度的转型已近完成，新的统一
的中央集权的官僚制和地主制国家即将出现。荀子所讲的"礼
义""礼法"是这一新的社会的规范体系和制度体系，荀子力
求从儒家的角度来规范它们、阐明它们、安排它们，以建立
儒家所接受的秩序。不过，正如孟子的仁政说既是对症当时之
病，同时又表达了儒家政治思想的一种原则；荀子对等级制度
及其规范体系和形式的论证，既是适应和反映了当时的需要，
也表达了早期儒家对社会组织原则和方式的一种理解。荀子所
说的礼法是新的官僚制国家制度。

荀子是战国后期的一位大儒，他特别注重人的道德努力，
提出"博学而日参省乎己"，说"终日而思矣，不如须臾所学
也"，都是继承了孔子。他主张始乎诵经，终乎读礼；始乎为
士，终乎为圣人；坚持古之学者为己，今之学者为人，也都是

---

[1]　日本学者谓子夏或子游之误，如武内义雄《中日哲学思想史》，引自徐平章
　　《荀子与两汉儒学》，文津出版社，1988年，第10页。

继承了孔子。他主张见善自存，见不善自省，倡扬"以修身自强"。他在君子论、德行论、好学论方面全面承继了孔子的思想，又主张"先义而后利"，发挥了孔、孟的义利论。他说："仲尼之门，五尺之竖子，言羞称五伯"，主张义之而王，信之而霸，继承了孟子的王霸说。他主张上之于下如保赤子，主张爱民、利民、以民比身，也承袭了孟子的重要思想。他继承了孟子的讲法"行一不义，杀一无罪，而得天下，不为也"（《公孙丑上》）。同时，他讲"养心莫善于诚""不诚则不能化万物"，诚则形，形则神，神则化，也吸收了《中庸》《孟子》的思想。他颂扬"大儒"，宣传儒的不可及，以仲尼、子夏为圣人榜样，强调孔子"生乎今之世而志乎古之道"（《中庸》云"生乎今之世，反古之道"）。他主张"从道不从君"，"议兵常仁义为本"，主张正身行，广教化，修仁义，"诛暴国之君若诛独夫"（《正论》），也是继承了孟子的思想。

同时也可看出，荀子较少讲正己（反己）的道德榜样，较多讲"礼义""礼法"，不赞成性善说，主张人性无善，反复强调贵族等级制度的必要性和合理性，要求君臣人民敬安其分，以能力功绩行赏罪。这些"隆礼"的思想与孟子不同，与孔子也有差别。荀子更注重从理论上论证礼的意义，重视刑罚禁暴除恶的作用，提倡以心知道，解蔽去偏，虚壹而静，以习俗和乐教调和通化人之气质。荀子确实体现出一种秩序情结，又体现了强烈的人为主义。

一　分群论

1.荀子由礼的起源论证了礼之产生的必然性、必要性。荀子指出：

> 礼起于何也？曰：人生而有欲，欲而不得，则不能无求；求而无度量分界，则不能不争；争则乱，乱则穷。先王恶其乱也，故制礼义以分之，以养人之欲，给人之求，使欲必不穷乎物，物必不屈于欲，两者相持而长，是礼之所起也。（《礼论》）

这是讨论礼的起源。荀子认为，礼之产生的根本原因是人人都有欲望和要求且无休止，而物质资源不是无限的。如果顺从欲望而无限制，结果就必然是，资源不可能满足所有人的欲望和要求，从而导致为了争夺资源以实现欲望，出现人与人的争夺冲突，引向混乱。礼是一套"度量分界"的制度，其要义在"分"，就是划分等级差别的原则和制度，用这套"分"的制度把人群划为不同的级类，由制度规定每一级类中的人只可以实现或满足某些特定的欲望。在"礼义"的制度下，人的欲望得到一定的满足，物质资源不会因欲望的无限而匮乏。荀子认为这就是礼的起源、意义和功能。

礼的产生不仅因为物质资源无法满足所有人的要求，而且因为人的欲望不仅是物质的，也是政治的、社会的。人有支配别人的欲望和不受别人支配的欲望，如果没有一套制度规定，则每个人都要支配别人而不受别人支配，社会就无法运作。荀子说：

> 分均则不偏，势齐则不壹，众齐则不使。有天有地而上下有差，明王始立而处国有制。夫两贵之不能相事，两贱之不能相使，是天数也。势位齐，而欲恶同，物不能澹则必争，争则必乱，乱则穷矣。先王恶其乱也，故制礼义以分之，使有贫富贵贱之等，足以相兼临者，是养天下之本也。（《王制》）

分均便没有差别，没有贵贱。如果没有贵贱等级分别，物则不足以给之，不能满足所有人。"势一众齐"是说地位没有差别，就不可能有领导和被领导，这是天数，是自然而然的法则。

如果人人地位平等而无差别，又都有同样的好恶欲望要求实现，那么物质资源必然不可能使大家都得到满足，也就必然引起夺争斗乱，故荀子又说：

夫贵为天子，富有天下，是人情之所同欲也。然则从人之欲，则势不能容，物不能赡也。故先王案为之制礼义以分之，使有贵贱之等，长幼之差，知愚、能不能之分，皆使人载其事而各得其宜，然后使悫禄有多少厚薄之称，是夫群居和一之道也。（《荣辱》）

"先王为制礼义"的提法虽然并不正确，但荀子不从神、天命来立论，显示出从人的历史和理性探求的方向。这些"分"的礼义制度，"由士以上则必以礼乐节之，众庶百姓则必以法数制之"，是广泛适用于社会各个阶层的。

"分"又叫作"别"："曷谓别？曰贵贱有等，长幼有差，贫富轻重皆有称者也。……"（《礼论》）

2."分"也即"辨"：

人之所以为人者，何已也？曰：以其有辨也。饥而欲食，寒而欲煖，劳而欲息，好利而恶害，是人之所生而有也，是无待而然者也，是禹、桀之所同也。然则人之所以为人者，非特以二足而无毛也，以其有辨也。……夫禽兽有父子而无父子之亲，有牝牡而无男女之别，故人道莫不有辨。（《非相》）

这里的"人之所以为人"的"人"是指人群而非指人性，亦即作为群体生活的人的社会。就个人而言，生而与之俱来者，即好利恶害的内在倾向。但作为群体生活的人，与动物不同之处就在于人类的群体生活有辨，"辨"指父子之亲、男女之别这些伦理和规范。

荀子说"辨莫大于分，分莫大于礼"（《非相》），所以辨是原则，分是要义，礼是体现分、辨的制度体系与规范体系。

荀子很注重从人类群体生活之可能的条件论证礼的必然性和必要性。

> （人）力不若牛，走不若马，而牛马为用，何也？
> 曰：人能群，彼不能群也。（《王制》）

个人的本性是要求满足自己的欲望。如果每个人只要求满足自己的欲望，那么，不要说物质财富不敷于用，群体生活亦不可能；群体生活不可能，人就不能战胜动物，亦不能利用自然。

群本指群体，但动物亦群居，故知此处所谓"群"乃指一有伦理规范的社会而言。

> 人何以能群？曰：分。分何以能行？曰：义。（《王制》）

水火有气而无生，草木有生而无知，禽兽有知而无义。人有气有生有知亦且有义，故最为天下贵也。（《王制》）

义就是伦理规范原则。

　　……分则和，和则一，一则多力，多力则强，强则胜物，故宫室可得而居也。……故人生不能无群，群而无分则争，争则乱，乱则离，离则弱，弱则不能胜物。故宫室不可得而居也。（《王制》）

可见荀子是从两个方面，即欲望的满足和群体生活之可能方面，逻辑地论证了"分"的重要性和礼义的必要性。同时，他认为这也就历史地说明了礼义起源的必然性。"欲望—争夺—礼义"，这是荀子论证的逻辑结构。

　　礼义有明显的规范性和制约性，这是等级差别制度的题中应有之义。

　　无君以制臣，无上以制下，天下害生纵欲。欲恶同物，欲多而物寡，寡则必争矣。……群而无分则争。穷者患也，争者祸也。救患除祸，则莫若明分使群矣。（《富国》）

二　隆礼论

荀子十分重"礼"，所以他说：

> 故人之命在天，国之命在礼。人君者，隆礼尊贤而王，重法爱民而霸，好利多诈而危，权谋倾覆幽险而亡。（《强国》）
>
> 天地者，生之始也；礼义者，治之始也；……礼义无统，上无君师，下无父子，夫是之谓至乱。君臣、父子、兄弟、夫妇，始则终，终则始，与天地同理，与万世同久，夫是之谓大本。（《王制》）
>
> 礼者，治辨之极也，强国之本也，威行之道也，功名之总也。王公由之，所以得天下也；不由，所以陨社稷也。……（《议兵》）

可见荀子是把礼作为治国的大本达道，看作政治的根本原则。

荀子的"礼"包含以下四种含义：

礼是等级制度，这一制度使"贵贱有等，长幼有差，贫富轻重皆有称者也"（《礼论》）。礼即（关于）政治、宗法、财富分配的一整套等级体制。

礼是社会道德规范，"礼也者，贵者敬焉，老者孝焉，长者弟焉，幼者慈焉，贱者惠焉"（《大略》）。

礼是仪节制度，"衣服有制，宫室有度，人徒有数，丧祭械用皆有等宜"（《王制》）。

礼是赏罚任免的体系，"无德不贵，无能不官，无功不赏，无罪不罚"（《王制》）。

然而，这几项也是西周春秋的"礼"的含义，它们与西周春秋的礼乐文化有何不同呢？首先，荀子这里说的礼制已经不是旧的封建宗法礼制。"无德不贵，无能不官"，指明新的等级制度要以德与能的表现为依据。所以，《王制》篇一开始就说："请问为政。曰：贤能不待次而举，罢不能不待须而废……分未定也则有昭缪。虽王公士大夫之子孙，不能属于礼义，则归之庶人。虽庶人之子孙也，积文学，正身行，能属于礼义，则归之卿相士大夫。……王者之政也。"

可见，荀子是在旧的等级礼制已破的情况下，要求建立新的等级制度，这种新的等级制度是以德行贤能而非血缘宗法为标准的。荀子认为："……职分而民不慢，次定而序不乱。"（《君道》）"治国者分已定，则主相、臣下、百吏各谨其所闻……百姓莫敢不敬分安制。"（《王霸》）

荀子反对"以族论罪，以世举贤"，反对以宗法为赏罚任官的原则。又说：

朝廷必将隆礼义而审贵贱，若是，则士大夫莫不敬节

死制者矣。百官则将齐其制度，重其官秩，若是，则百吏莫不畏法而遵绳矣。（《王霸》）

等级制度一定要与赏罚行政结合，相辅相成，才能使其合理化。而等级制度与赏罚手段都是以人性为根据的：

> ……人之情为欲多而不欲寡，故赏以富厚，而罚以杀损也，是百王之所同也。故上贤禄天下，次贤禄一国，下贤禄田邑，愿悫之民完衣食。（《正论》）
>
> 不美不饰之不足以一民也，不富不厚之不足以管下也，不威不强之不足以禁暴胜悍也。故必将撞大钟，击鸣鼓，吹笙竽，弹琴瑟，以塞其耳……然后众人徒、备官职、渐庆赏、严刑罚，以戒其心。使天下生民之属，皆知己之所愿欲之举在是于也，故其赏行；皆知己之所畏恐之举在是于也，故其罚威。（《富国》）

用各种富贵美好的东西显示给人们欲望的目标，用各种刑罚显示给人们好恶的界限，使人们知道按照礼义行就可得到最好的欲望满足，否则会遭受不想要的刑罚。荀子不仅肯定了、吸收了法家在行政赏罚方面的主张，而且为赏罚之使用从人性论与人情论上加以论证，从而认为礼的作用不仅是节制，而且是把欲望的满足程度与人的社会表现结合起来的一种制度，即按绩赏罚。

其次荀子很强调"礼"的规范意义，他说：

> 礼之于正国家也，如权衡之于轻重也，如绳墨之于
> 曲直也。故人无礼不生，事无礼不成，国家无礼不宁。
> （《大略》）
>
> 礼者，所以正身也。（《修身》）

荀子强调礼是绳墨、权衡、规矩，是用以"正"身、正事、正人、正国家的标准和规范，也正如此，荀子重视"礼义"的限禁性和禁制性：

> 夫义者，所以限禁人之为恶与奸者也。今上不贵义，
> 不敬义，如是，则天下之人百姓，皆有弃义之志，而有
> 趋奸之心矣。……夫义者，内节于人而外节于万物者也。
> （《强国》）

也因此，荀子反对废除肉刑，曰：

> 凡刑人之本，禁暴恶恶，且征其未也。杀人者不
> 死，而伤人者不刑，是谓惠暴而宽贼也。……夫德不称
> 位，能不称官，赏不当功，罚不当罪，不祥莫大焉。

（《正论》）

荀子这些思想显然与战国法治的社会现实有关，而且与法家的法治主义没有根本区别。然而荀子并非法家，荀子的思想亦非法治主义，其礼治主义思想仍然以儒家为主导，提倡礼义忠信：

> 凡人之动也，为赏庆为之，则见害伤焉止矣。故赏庆、刑罚、势诈不足以尽人之力，致人之死。为人主上者也，其所以接下之百姓者，无礼义忠信……使之持危城则必畔，遇敌处战则必北，劳苦烦辱则必奔，霍焉离耳，下反制其上。故赏庆、刑罚、势诈之为道者，佣徒鬻卖之道也，不足以合大众、美国家，故古之人羞而不道也。故厚德音以先之，明礼义以道之，致忠信以爱之，尚贤使能以次之，爵服庆赏以申之，时其事、轻其任以调齐之、长养之，如保赤子。政令以定，风俗以一……然后刑于是起矣，是大刑所加也，辱孰大焉？……然后赏于是起矣。是高爵丰禄之所加也，荣孰大焉？（《议兵》）

这就是说，社会管理不能仅凭赏罚，要使人有是非之心、羞恶之心，这样刑罚加之才会觉得耻辱，赏庆加之才会觉得光荣；知义之所在，才可能尽人之力，死命去做。

所以荀子主张，赏罚不是最重要的，领导者要"平政爱民""隆礼敬士""尚贤使能"。他认为："上莫不致爱其下，而制之以礼。上之于下，如保赤子。"（《王霸》）这样，"下之亲上欢如父母，可杀而不可使不顺"。他认为能"使民夏不宛暍，冬不冻寒，急不伤力，缓不后时，事成功立，上下俱富；而百姓皆爱其上，人归之如流水，亲之欢如父母，为之出死断亡而愉者"，只有一个办法，即"忠信、调和、均辨"，"忠信均辨，说乎赏庆矣，必先修正其在我者，然后徐责其在人者，威乎刑罚。三德者诚乎上，则下应之如景向"（《富国》）。这就是说，在上者修己而后责人，忠信、调和、均辨三德，比刑罚的手段更管用，百姓也乐于接受庆赏，才能爱欢其君，出生入死事之。所以荀子又说：

故上好礼义，尚贤使能，无贪利之心，则下亦将綦辞让，致忠信，而谨于臣子矣。如是，则虽在小民，不待合符节、别契券而信，不待探筹、投钩而公，不待衡石、称县而平，不待斗、斛、敦、概而啧。故赏不用而民劝，罚不用而民服，有司不劳而事治，政令不烦而俗美。（《君道》）

礼乐则修，分义则明，举错则时，爱利则形。如是，百姓贵之如帝，高之如天，亲之如父母，畏之如神明。故赏不用而民劝，罚不用而威行，夫是之谓道德之威。

（《强国》）

荀子把法家的主张叫作"暴察之威"，即不修礼义，但坚决禁暴诛不服，刑罚重而信，诛杀猛而必；而荀子所主张的仍是以修礼乐好礼义，争取达到赏不用民劝、罚不用威行的"道德之威"。道德之威还是德治、礼治，与法家的法治不同，所以荀子反复强调，汤武之道是：

> 循其道，行其义，兴天下同利，除天下同害，天下归之。故厚德音以先之，明礼义以道之，致忠信以爱之，赏贤使能以次之，爵服庆赏以申重之，时其事、轻其任以调齐之，潢然兼覆之，养长之，如保赤子。生民则致宽，使民则綦理；辩政令制度，所以接天下之人……是故百姓贵之如帝，亲之如父母，为之出死断亡而不愉者，无它故焉，道德诚明，利泽诚厚也。（《王霸》）

修道行义，兴利除害，率先以厚德，导民以礼义，忠信爱民，尚贤使能，这样百姓贵之亲之，为之出生入死。所以荀子最高的理想还是德治和礼治，用另一个说法，是人治而非法治：

> 有乱君，无乱国；有治人，无治法。羿之法非亡也，而羿不世中；禹之法犹存，而夏不世王。故法不能独立，

类不能自行，得其人则存，失其人则亡。法者，治之端也；君子者，法之原也。（《君道》）

在战国后期，荀子对当时流行的"法"家理论做出了全面的回应和处理：

其有法者以法行，无法者以类举，听之尽也；偏党而无经，听之辟也。故有良法而乱者有之矣；有君子而乱者，自古及今，未尝闻也。（《王制》）

这明确主张，没有一种永保长治的法，只有可保长治的人，周公再好的法也不能独立运行，必须依靠人来施行。良法得其人而行，则治；良法不得其人而行，则会乱。只有君子行良法，才能保证长治久安，所以历史上有良法而乱者，如禹之后世；但只要君子主政，永久不会乱。所以说法只是治之"端"，而君子才是治之根本，是法之"源"。

最后来看一下荀子的君民论。前面已经提到荀子讲过爱民，但荀子讲"重法爱民而霸"，他与孟子不同，是把爱民作为霸术，而非德政。

故有社稷者而不能爱民，不能利民，而求民之亲爱己，不可得也。民不亲不爱，而求其为己用、为己死，不

可得也。（《君道》）

这是从用民之道的实际结果来讲的，是现实主义的讲法。荀子
又说：

> 马骇舆，则君子不安舆；庶人骇政，则君子不安位。
> 马骇舆，则莫若静之；庶人骇政，则莫若惠之。选贤良，
> 举笃敬，兴孝弟，收孤寡，补贫穷；如是，则庶人安政
> 矣。庶人安政，然后君子安位。传曰："君者，舟也；庶
> 人者，水也。水则载舟，水则覆舟。"此之谓也。（《王
> 制》）

这也是一种现实主义的讲法，但他所举安政安民的措施都是儒
家历来重视的。庶人即民众。

荀子的确也继承了许多孔、孟有关君民论的思想：

> 请问为国？曰："闻修身，未尝闻为国也。君者，
> 仪也；民者，景也，仪正而景正；君者，槃也；民者，水
> 也，槃圆而水圆。"（《君道》）

"闻修身，未尝闻为国也"，这与孟子"王何必曰利，亦有仁
义而已矣"的意思一样。"君者，仪也；民者，景也"，与孔

子"君子之德风，小人之德草"的意思也一样，都是重视君主的修身和道德表率，认为君正则民自正。

荀子的确吸收了孟子的一些思想，如："天之生民，非为君也；天之立君，以为民也。"（《大略》）这明显继承了《周书》和孟子的民本论。荀子更提出："入孝出弟，人之小行也；上顺下笃，人之中行也；从道不从君，从义不从父，人之大行也。"（《子道》）这种对君主的态度，最能反映儒家思想的真正立场。

三 性伪论

荀子的人性论最有特色。按其展开的内在逻辑，以下分别加以讨论。

1. 性、伪之别

荀子说："凡性者，天之就也，不可学，不可事"，"不可学、不可事而在人者，谓之性。可学而能、可事而成之在人者，谓之伪。是性伪之分也。"（《性恶》）

性是天生自然具有的东西，伪是学而后得、事而后成的东西。伪即人为，与天然相对。

荀子又认为，性和伪并不是两种不相干的东西，性为伪提供了材料，伪把性加工为成品。"故曰：性者，本始材朴也；

伪者，文理隆盛也。无性则伪之无所加，无伪则性不能自美。性伪合，然后成圣人之名。"（《礼论》）

性是原始的素材，伪是加工修饰。没有原始的材质，加工无从入手；没有加工修饰，原始材料自己不能变得美化。材料是可以加工改造的。

2. 性的含义

那么什么是人之性呢？什么是人的天生自然的原始材质呢？

> 饥而欲食，寒而欲煖，劳而欲息，好利而恶害，是人之所生而有也，是无待而然者也，是禹、桀之所同也。目辨白黑美恶，耳辨音声清浊，口辨酸咸甘苦，鼻辨芬芳腥臊，骨体肤理辨寒暑疾养，是又人之所常生而有也，是无待而然者也，是禹、桀之所同也。可以为尧、禹，可以为桀、跖，可以为工匠，可以为农贾，在势注错习俗之所积耳，是又人之所生而有也，是无待而然者也，是禹、桀之所同也。（《荣辱》）

"人之所生而有，无待而然者"即性，人之性有三个方面，第一是生理欲望和好利欲息；第二是人的感知能力；第三是人格的可塑性，可以成就某种人格。

在《性恶》篇及其他篇，荀子往往更强调第一方面的立论，如：

> 若夫目好色，耳好声，口好味，心好利，骨体肤理好愉佚，是皆生于人之情性者也，感而自然，不待事而后生之者也。夫感而不能然，必且待事而后然者，谓[之]生于伪。（《性恶》）
>
> 夫人之情，目欲綦色，耳欲綦声，口欲綦味，鼻欲綦臭，心欲綦佚。此五綦者，人情之所必不免也。（《王霸》）

3. 非性善

荀子认为，上面说的人性三义中没有礼义，没有善，"今人之性，目可以见，耳可以听。夫可以见之明不离目，可以听之聪不离耳，目明而耳聪，不可学明矣。"（《性恶》）目明耳聪不可学，是天性自然的，所以是性；但善并不是像耳聪目明那样与生俱来：

> 所谓性善者，不离其朴而美之，不离其资而利之[也]。使夫资朴之于美，心意之于善，若夫可以见之明不离目，可以听之聪不离耳，（始可谓性善也。）（《性恶》）

这是说，性善必须就"朴""资"而言，即就"本始朴材"

而言；如果人心对于善的喜爱，如同"明"从天生之目而来，"聪"由耳天生带来，才可以说性善（但心并未天生带来善）。否则，性善论是不能成立的。

4. 性本无善（恶）说

如果不同意性善，那么对性是否可以做伦理评价？如何做伦理评价？荀子认为：

> 今人之性，生而有好利焉，顺是，故争夺生而辞让亡焉；生而有疾恶焉，顺是，故残贼生而忠信亡焉；生而有耳目之欲，有好声色焉，顺是，故淫乱生而礼义文理亡焉。然则从人之性，顺人之情，必出于争夺，合于犯分乱理而归于暴。……用此观之，人之性恶明矣，其善者伪也。（《性恶》）
>
> 夫好利而欲得者，此人之情性也。假之人有弟兄资财而分者，且顺情性，好利而欲得，若是则兄弟相拂夺矣。（《性恶》）

性是天生的倾向，情是这一倾向的不同表现。如果顺从人的性情，就必然争夺犯分。在这个意义上说，人性无善，人性应当属恶。

5. 人心有善

现实中人的行为是否都是顺由天性而来呢？荀子指出至少有两方面，一方面，"人之性，食欲有刍豢，衣欲有文绣，行欲有舆马"，永远不会满足。但现实生活中的人食不敢有酒肉，衣不敢有丝帛，行不敢有舆马，"是何也，非不欲也，几不长虑顾后而恐无以继之故也。"（《荣辱》）这是理性的计较所致，在当下的欲望满足与久远的生活安排之间，理性使我们不能完全依照欲望行事，而行节俭。

另一方面，"今人之性，饥而欲饱，寒而欲暖，劳而欲息，此人之情性也。今人饥，见长而不敢先食者，将有所让也；劳而不敢求息者，将有所代也。夫子之让乎父，弟之让乎兄，子之代乎父，弟之代乎兄，此二行者，皆反于性而悖于情也。"（《性恶》）

"有所让"之心、"有所代"之心就是礼义，所以人的行为并非只受制于与生俱来的欲望，还会顺从礼义之道，这就是善。

6. 善的来源（礼义）

那么礼义之善是从哪里来的呢？其根源，从社会来讲，是来自圣人；从个人来讲，是来自积伪。从社会来说：

古者圣王以人之性恶，以为偏险而不正，悖乱而不

治，是以为之起礼义、制法度，以矫饰人之情性而正之，以扰化人之情性而导之也。（《性恶》）

古者圣人以人之性恶，以为偏险而不正，悖乱而不治，故为之立君上之势以临之，明礼义以化之，起法正以治之，重刑罚以禁之，使天下皆出于治，合于善也。（《性恶》）

故圣人化性而起伪，伪起而生礼义，礼义生而制法度。（《性恶》）

荀子认为，社会为了防止各人顺从自己的欲望从事而发生争夺，由圣人制定了礼义规范和各种制度，来约束人的情性而正之导之，通过与社会的互动，使个人的性情慢慢合乎社会礼义。

从个体来说，善的养成来自积伪：

故枸木必将待檃栝烝矫然后直，钝金必将待砻厉然后利。今人之性恶，必将待师法然后正，得礼义然后治。……今之人，化师法，积文学，道礼义者为君子；纵性情，安恣睢，而违礼义者为小人。（《性恶》）

故必将有师法之化，礼义之道，然后出于辞让，合于文理，而归于治。（《性恶》）

人的有所让之心，有所代之心，都是在师法之化、礼义之道的陶养和个人的道德努力之下才有的。

所以，荀子一方面从性恶论证了礼法的必要性，另一方面也由礼义的作用说明了人由性恶变为君子的条件和可能。这主要是通过一套社会约束和范导的体系内化于人，并使人产生追求礼义和修养磨炼的自觉。这个讲法与告子相同。荀子说：

故有师法者，人之大宝也；无师法者，人之大殃也。人无师法，则隆性矣；有师法，则隆积矣。而师法者，所得乎情，非所受乎性，不足以独立而治。性也者，吾所不能为也，然而可化也；情也者，非吾所有也，然而可为也。注错习俗，所以化性也。（《儒效》）

故人知谨注错，慎习俗，大积靡，则为君子矣；纵性情而不足问学，则为小人矣。（《儒效》）

材性知能，君子小人一也。好荣恶辱，好利恶害，是君子小人之所同也，若其所以求之之道则异矣。……是非知能材性然也，是注错习俗之节异也。（《荣辱》）

干、越、夷、貉之子，生而同声，长而异俗，教使之然也。（《劝学》）

蓬生麻中，不扶而直。白沙在涅，与之俱黑。兰槐之根是为芷，其渐之滫，君子不近，庶人不服，其质非不美也，所渐者然也。（《劝学》）

木直中绳，𫐓以为轮，其曲中规，虽有槁暴，不复挺

者，輮使之然也。故木受绳则直，金就砺则利，君子博学而日参省乎己，则知明而行无过矣。（《劝学》）

注错即行为措置。注错习俗，即行为习惯与环境条件。注错习俗是可以改变人的性情的，此即"化性"。积是习惯的积累养成，具体是"化师法，积文学，道礼义"。如果长期浸于师法，学习文学，实践遵守礼义，这也就是"教"。所以，荀子很注重社会文化环境的影响、教育的影响、学习经典的影响、道德实践的作用，特别是荀子所说的"輮"，不是专指礼义法度刑罚，而且特别包括"博学而日参省乎己"的学习实践。

7. 涂之人皆可以为禹

人可以为禹之根据，是在于人有"可以知仁义之质"，"可以能仁义之基"，故人能成为圣人。

荀子虽然不同意孟子的人性说，不过他主张的"涂之人皆可以为禹"和孟子异曲同工。前面我们已经说过，荀子认为人性有三个方面，其第三方面是人可以为尧、禹，亦可以为桀、跖，在这一点上与公都子所引的"性可以为善，可以为不善"有类似之处，但荀子不只讲社会环境的影响，更重视人的修为努力。

"涂之人可以为禹"，曷谓也？……今使涂之人者，以其可以知之质，可以能之具，本夫仁义之可知之理，可能之具，然则其可以为禹明矣。今使涂之人伏术为学，专心一志，思索孰察，加日县久，积善而不息，则通于神明，参于天地矣。故圣人者，人之所积而致也。（《性恶》）

涂之人百姓，积善而全尽谓之圣人。彼求之而后得，为之而后成，积之而后高，尽之而后圣。故圣人也者，人之所积也。人积耨耕而为农夫，积斫削而为工匠，积反货而为商贾，积礼义而为君子。……居楚而楚，居越而越，居夏而夏，是非天性也，积靡使然也。（《儒效》）

尧禹者，非先而具者也，夫起于变故，成乎修修之为，待尽而后备者也。（《荣辱》）

积即习也，合称积习。人有成为尧、禹圣人的可能性，也有成为桀、纣的可能性，关键在人是否能积习礼义、专心学思。

曰："圣可积而致，然而皆不可积，何也？"曰："可以而不可使也。……故涂之人可以为禹，则然；涂之人能为禹，未必然也。……足可以遍行天下，然而未尝有能遍行天下者也。……用此观之，然则可以为，未必能也；虽不能，无害可以为。然则能不能之与可不可，其不

同远矣。"(《性恶》)

能是现实性，可是可能性。能是能够实现之，可是可能实现之。

"涂之人皆有可以知仁义法正之质，皆有可以能仁义法正之具"，这是涂之人可以为禹的根据和依据，人人都有认识仁的能力资质，也都有实践仁义的能力条件，但这不表示人一定去认识、去实践。

荀子的人性论和礼法论，显示出荀子清醒的现实主义立场。荀子强调制度环境、规范体系、个人修为对人成为善人的根本作用，显然是因为荀子是从社会、从一般人的道德意识着眼的。在荀子的立场上，像孟子那样讲"尽心知性知天"的修养，只能属于极少数具有神秘主义气质的人；而孔子所讲的君子之学，也还落脚在君子即领导和知识阶层。荀子则立足于社会大众，所以强调大众的向善必须依据制度和规范的引导。在这一点上，荀子也符合孔子"性近习远"、重视"习"的思想。政治权威（君上）、社会规范（礼义）、法令条陈（法正）、刑罚体系（刑罚）是出于治合于善的根本保障，也是社会秩序与人心平正的根本保证。荀子的思想有很强的社会实践性和可操作性。

在礼义法度外，荀子仍继承了孔子的君子论，对知识阶级和领导阶层提出了较高的要求。

最后再来讨论两个问题：

第一，荀子的人性论，严格地说不是性恶论，而是情欲可恶论。正如前面所说，荀子认为人性有三个方面：一是口目身体之欲；二是知觉能力，耳聪目明；三是人格之可能。后二者明显不能归之于恶。三个方面中，其二是无善无恶，其三是可善可恶，即使第一方面，也不是说欲望完全是恶，而是说顺从和放任欲望、无所规范则为恶。

不仅如此，荀子对人之善的一面亦有提及，如：

> 直木不待檃栝而直者，其性直也；枸木必将待檃栝烝矫然后直者，以其性不直也。（《性恶》）

> 古之良马也，然而必前有衔辔之制，后有鞭策之威，加之以造父之驭，然后一日而致千里也。夫人虽有性质美而心辩知，必将求贤师而事之，择良友而友之。……则所见者忠信敬让之行也。身日进于仁义而不自知也者，靡使然也。（《性恶》）

关于枸木性不直，必使檃栝烝矫而后直，是前面性恶论的说法。值得注意的是，荀子亦承认有性直之木，有良弓、良剑、良马，人也有性质美者，这说明荀子承认有的人性是善非恶，当然这样的人也需要求师择友修身，才能完成善。不过这与他说"君子小人其性一也""尧、舜之与桀、跖其性一也"（《性恶》）有矛盾之处。另外，荀子似受告子"义外"之说影响，很强调起于"外"的"义"的重要性。

他还指出：

> 义与利者，人之所两有也。虽尧、舜不能去民之欲利，然而能使其欲利不克其好义也。虽桀、纣亦不能去民之好义，然而能使其好义不胜其欲利也。故义胜利者为治世，利克义者为乱世。（《大略》）

这是就现实的人群而言。人人都有欲利之心，也都有好义之心，这好义之心也就是孟子所讲的"心之所同然"："夫桀、纣何失？而汤、武何得也？曰：是无他故焉，桀、纣者善为人所恶也，而汤、武者善为人所好也。人之所恶何也？曰：污漫、争夺、贪利是也。人之所好者何也？曰：礼义、辞让、忠信是也。"（《强国》）这是说人心有同然，恶争夺而好礼义。

当然，荀子思想的逻辑是，人现实所有的礼义之好是伪，非性，是社会环境、礼义教化使然。荀子说草木有生无知，禽兽有知无义，人有生有知亦有义，最为天下贵。又说人能群，人有辨。这些方面虽然不是个体天生而就，但也都是对人之所以为人的认识。

所以，荀子的"性"是指原始材质，并非指人类之类本质，亦非指个体的本质。

第二，荀子对性、情、欲、心等有一套分析的讲法。

> 性者，天之就也；情者，性之质也，欲者，情之应也。（《正论》）
>
> 不事而自然谓之性。性之好、恶、喜、怒、哀、乐谓之情。情然而心为之择谓之虑。心虑而能为之动谓之伪。虑积焉、能习焉而后成谓之伪。正利而为谓之事。正义而为谓之行。所以知之在人者谓之知。知有所合谓之智。智所以能之在人者谓之能。能有所合谓之能。（《正名》）

质，旧注为"质体"，即性之表现之载体，即用也。性为天生内在之倾向，情即此种倾向之表现，欲则是情之所求。情发作后，心进行选择，这是"虑"；经过思虑而行动，这是"伪"。荀子又说：

> 性也者，吾所不能为也，然而可化也。情也者，非吾所有也，然而可为也。（《儒效》）
>
> 注错习俗，所以化性也；并一而不二，所以成积也。习俗移志，安久移质。（《儒效》）

移质即改变情，移志即改变心，化性即变化性。如果以"性"为本质，则不可变；以"性"为生而所有的材质，就是可变的了。

亚里士多德说："人人都爱自己，而自爱出于天赋，并不是偶发的冲动。""自私固然应该受到谴责，但所谴责的不是自爱的本性而是那超过限度的私意。"（《政治学》，第55页）他指出，人们以为现在种种罪恶导源于私有制度，而倡导财产公有。"实际上，所有这些罪常都是导源于人类的罪恶本性，即使实行公产制度也无法为之补救。"所以，亚氏认为，只有教育可以使个人聚合为城邦团体而达成统一，"积习、文教和法度可以化民成俗"（《政治学》，第57页）。这些思想可以说与荀子的思想有相近之处。

四　心君论

荀子在先秦儒学中的一个有特色的理论贡献是他的心论。荀子是很重视"心术"的，心术即用心之方法，而心的重要全在于"知道"这一观念。

荀子认为，"道"是是非善恶的标准，"故心不可以不知道。心不知道，则不可道而可非道。人孰欲得恣而守其所不可，以禁其所可？……心知道，然后可道；可道，然后能守道以禁非道。"（《解蔽》）

这说明，心本身并不是道，心能"知"道，心有"知"的功能，道是心知的对象。而且心能可道或可非道，"可"是认同和肯定。只有认识道，才能认同道，从而守护道。可见荀子把"知道"置于心之活动的首位。故又云：

> 凡以知，人之性也，可以知，物之理也。（《解蔽》）
>
> 所以知之在人者谓之知，知有所合谓之智（识）。（《正名》）
>
> 心有征知，……必将待天官之当簿其类然后可也。（《正名》）

前面说过，荀子认为："涂之人也，皆有可以知仁义法正之质，皆有可以能仁义法正之具。"（《性恶》）"涂之人者，皆内可以行父子之义，外可以知君臣之正。"（《性恶》）由于心能知道、可道，可以知仁义，可以能仁义，所以人的行为并不是只受到材性的影响，更受到心知的范导。但心之知，有许多碍蔽，影响了心能正确周全地"知"，因此需要解蔽，在这方面荀子的《解蔽》篇有很多论述。荀子还说：

> 形具而神生，好恶、喜怒、哀乐臧焉，夫是之谓天情。耳目鼻口形能各有接而不相能也，夫是之谓天官。心

居中虚以治五官，夫是之谓天君。（《天论》）

心者，形之君也，而神明之主也，出令而无所受令。自禁也，自使也，自夺也，自取也，自行也，自止也。故口可劫而使墨云，形可劫而使诎申，心不可劫而使易意，是之则受，非之则辞。（《解蔽》）

情然而心为之择谓之虑。心虑而能为之动谓之伪。（《正名》）

可见荀子主张心能知道，心能为主，心能去欲解蔽。耳目欲望等感性功能是受到"心"作为"天君"的主宰控制的，心是一切意志自主的根源，于是，在荀子的思想体系之中，在人向圣人的发展过程中，心的作用要远大于性。这是我们掌握荀子思想不可不知的重要之点。

附录 香港中文大学1999—2000年度科目考试

香港中文大學
The Chinese University of Hong Kong

Course Examinations 1999-2000 年度科目考試

Course Code & Title 科目編號及名稱： PHI 3110 Pre-Ch'in Confucianists

Time allowed 時間：　2　hours 小時　　　　minutes 分鐘

Student I.D. No. 學生編號：　　　　　　　　Seat No. 座號：

任擇四題完卷：

一、　古人、近人對于儒家的起源有所主張論述。試分析這些主張論述的
　　　得失。簡述應當如何了解儒家思想的根源？

二、　孔子所說"六言六蔽"為何？試出此論述孔子德性論和為學方法的
　　　特點。

三、　試述先秦儒學中《論語》、《大學》、《中庸》的忠恕思想。

四、　《中庸》所說的"誠者"與"誠之者"的分別為何？"誠之者"的工
　　　夫為何？

五、　孟子如何以四端說論証其仁政說？試述孟子對性善論的論証。

六、　荀子為何提出性惡論，用以說明和論証甚么？
　　　試分析荀子"性"的概念，并論述其性惡說的內
　　　容。

-- End of Paper --
-- 全 卷 完 --